VALUE$ELLING

Incrementare le Vendite una Conversazione alla Volta

Julie Thomas

VVA
Publishing

ISBN: 978-0-9769994-1-6

Library of Congress Control Number:

Printed by VVA Publishing in the United States of America.

First printing edition 2019.

VVA Publishing
PO Box 8364
Rancho Santa Fe, CA 92067

www.valueselling.com

DEDICA

Alla squadra Thomas – Steve, Melissa e Sam

RINGRAZIAMENTI

Vorrei ringraziare le molte persone il cui sostegno ha reso possibile questo libro:

Scott Anschuetz, Samantha Barrett-Wallis, J.B. Bush, Sarah Caverhill, John Daut, Dave Kahl, Rick McAninch, Jason McKarge, Keith McLean, Luke Papineau, Tricia Raphaelian, Marty Rowlande e Ken Suchodolski hanno contribuito con il loro tempo e le loro storie personali, che mostrano il vero potere di ValueSelling. L'intero team di WunderMarx, tra cui Sally Newell Cohen, Jonathan Good, Cara Good e Amy Brandais, oltre a Jan King, Gloria Balcome e Christine Frank mi ha sempre tenuto in carreggiata e si è sempre reso disponibile con feedback, consigli, linee guida e creatività ben ponderati.

I nostri clienti, responsabili e sales executives in tutto il mondo che hanno usato ValueSelling nel corso degli anni, mi hanno fornito prove tangibili e la sicurezza che questo tipo di approccio pragmatico funziona davvero.

Il *team* delle vendite di ValueSelling Associates e la nostra rete di collaboratori danno vita reale a ValueSelling e coinvolgono i clienti in tutto il mondo ogni giorno. Sono la linfa vitale di ValueSelling Associates e sono responsabili dell'implementazione di ValueSelling presso i propri clienti. Grazie ai loro sforzi e al loro instancabile lavoro, ValueSelling ha avuto un enorme impatto sulle organizzazioni dei nostri clienti, sulla crescita dei ricavi e miglioramento della produttività nelle vendite.

Devo anche ringraziare Lloyd Sappington, che mi ha fatto scoprire ValueSelling nel 1991 e da allora è stato fonte costante di saggezza, supporto e intuizione.

Un ringraziamento speciale a Cheryl Hallenbeck per tutto ciò che fa per mantenermi in pista e per gestire le operazioni quotidiane di ValueSelling Associates.

Il ringraziamento più importante di tutte va alla mia famiglia: a Melissa e Samuel che mi fanno sorridere, ridere e mi ricordano cosa è importante nella vita. Ai miei genitori, che mi hanno incoraggiato ad entrare nel *business* e mi hanno aiutato nel corso degli anni a realizzare che è la mia passione, insieme all'insegnamento. Ultimo, ma non meno importante è il mio compagno nella vita e negli affari, Steve Thomas, il cui supporto costante, incoraggiamento e pazienza mi hanno permesso di scrivere questo libro mentre costruivo e facevo crescere ValueSelling Associates.

Spero di non aver dimenticato nessuno: non sarebbe intenzionale, piuttosto una semplice svista da parte mia.

Grazie a tutti!

INDICE DEI CONTENUTI

PREFAZIONE

Sono davvero felice di scrivere questa prefazione per la mia grande amica, Julie Thomas. La comprensione completa e integrata di Julie del sistema ValueSelling la rendono una risorsa unica per la redazione di questo libro.

Ho incontrato Julie per la prima volta in Gartner Inc. nel 1991, quando ValueSelling era agli inizi. Mentre cercavo di dimostrare a vari clienti come l'applicazione degli strumenti ValueSelling poteva consentire loro di migliorare le performance di vendita personali, Gartner è stato uno dei miei primi clienti. Fin dall'inizio, Julie comprese rapidamente la potenza di questi strumenti e la usò con successo per avanzare rapidamente dalla posizione di venditore a Vicepresidente dello Sviluppo delle Vendite a livello mondiale.

Ho osservato Julie mostrare di sua iniziativa agli altri come il potere di questi strumenti vada oltre la teoria e la comprensione. Julie ha un'abilità speciale nel dimostrare agli altri come l'applicazione coerente di ValueSelling può essere un catalizzatore per il successo delle vendite a lungo termine.

Essendo una delle prime persone in Gartner certificate per fornire *training* interno ValueSelling, Julie ha immediatamente focalizzato l'attenzione sulla gestione della conversazione di vendita utilizzando la semplicità del *Framework* ValueSelling: la sua *leadership* in Gartner ha portato all'implementazione di questo metodo in tutto il mondo, all'interno di culture varie e diversificate in Europa, Asia e nelle Americhe.

Julie non solo ha osservato l'evoluzione del programma ValueSelling nel tempo, ma ha contribuito lei stessa ad arricchire il programma nel corso degli anni. La sua profonda conoscenza dei componenti principali e dei fondamenti del *Framework* ValueSelling ha fatto di lei la scelta più ovvia quando ho deciso di vendere ValueSelling Associates. Sono convinto che la sua energia e la sua *vision* siano davvero gli ingredienti giusti per portarlo al livello successivo.

Julie comprende che in ogni professione esiste sempre un livello più alto. Spesso i migliori interpreti sono quelli che imparano ad applicare i fondamentali in modo coerente, per ottenere i risultati che desiderano per i loro clienti e loro stessi. Il suo impegno è quello di aiutare gli altri a raggiungere quei risultati.

Se hai acquistato questo libro, con ogni probabilità sei alla ricerca di idee da applicare per migliorare la tua produttività nelle vendite. A volte non si tratta nemmeno di una nuova idea, ma di un modo migliore per applicare ciò che già sai e portarlo al livello successivo. ValueSelling e gli strumenti che fornisce ti consentono di gestire in modo più efficace le conversazioni di vendita, garantendoti un livello più alto di prestazioni.

Se stai cercando il modo per raggiungere quel livello successivo, sei nel posto giusto.

Lloyd Sappington, Fondatore e Creatore di ValueSelling

INTRODUZIONE

Pensa a qualcuno che hai incontrato e che fa sembrare la vendita semplice. Questa persona potrebbe averti venduto beni immobili, assicurazioni o una soluzione aziendale complessa. Indipendentemente dalla posizione economica e dal prodotto o servizio che lei o lui rappresenta, le persone sembrano finire per dire "sì" a questo fenomeno.

Potresti aver pensato che l'individuo in questione è semplicemente un venditore di natura. Se è vero che essere dotati di una personalità magnetica o essere in grado di infilare una battuta ben riuscita al momento giusto può rendere più divertente il *business*, questi tratti di personalità non sono sufficienti al giorno d'oggi per registrare un successo costante nel campo delle vendite.

Ciò è particolarmente vero se stai vendendo una soluzione complessa e di lusso che richiede approvazioni multilivello. Fermati un minuto e pensa al motivo per cui hai scelto di dire "sì". Sono disposta a scommettere che ti sei fidato di questa persona - e che lui o lei ti ha offerto la soluzione giusta per ciò di cui avevi bisogno e che volevi. Dietro la facciata coinvolgente di questi "talenti naturali", sono all'opera i principi pragmatici di ValueSelling. Questo *framework* semplice, ma potente, ha avuto un enorme impatto sulla mia carriera e la mia vita e spero che abbia lo stesso sulla tua.

Nel 1991 ero una responsabile vendite presso Gartner, Inc., la più grande società di consulenza e ricerca nel settore delle tecnologie dell'informazione. Ero una rappresentante di successo - giovane - che era stata precedentemente addestrata in un paio di metodologie di vendita ben note. Per farla breve, pensavo di sapere come si vende.

Quando Gartner ha coinvolto Lloyd Sappington, il fondatore di ValueSelling, mi è stato presentato il sistema ValueSelling. Un paio di cose mi hanno immediatamente colpita. Prima di tutto, era semplice da capire ed estremamente intuitivo. In effetti, stavo già usando alcuni dei passaggi del processo ValueSelling senza nemmeno saperlo.

La seconda cosa che ho notato è che, a differenza di molti dei programmi di formazione alla vendita che avevo precedentemente frequentato, questo era fatto su misura per i prodotti e i servizi che effettivamente vendevo. Invece di essere costretti a tradurre processi, abilità e teorie generiche nelle mie esperienze quotidiane, sperimentavamo il processo di ValueSelling sui tipici acquirenti, con i tipici problemi e le tipiche questioni che riscontravo nei rapporti con i miei clienti e potenziali clienti ogni giorno. Non stavo sperimentando il processo su dispositivi o su carta e penna; ma sulle reali soluzioni *high-tech* che vendevo.

Terzo, con ValueSelling avere successo non richiedeva molto sforzo. Il processo non dipendeva da pile di moduli e documenti. Come la maggior parte dei dirigenti alle vendite, trovavo frustrante il noioso compito di compilare infiniti documenti cartacei e non avevo alcun desiderio di eccellere nel farlo.

Quello in cui siamo bravi è incontrare persone... ascoltare i loro problemi... creare necessità che potrebbero non essere state riconosciute... e collegare i nostri prodotti e soluzioni alle esigenze dei clienti. Ero entusiasta nello scoprire che queste abilità sono il cuore e l'anima di ValueSelling. Avevo finalmente trovato una metodologia di vendita che potevo fare mia, in modo naturale e con entusiasmo.

Durante i miei 16 anni di carriera in Gartner, sono progredita attraverso varie posizioni di gestione e *leadership* nelle vendite. ValueSelling ha continuato a essere la base del mio successo personale, oltre che il pilastro del processo di vendita in Gartner. In qualità di manager, i miei migliori direttori delle vendite erano quelli che seguivano il processo ValueSelling. Ho colto ogni opportunità per rafforzare la formazione e il processo e l'ho incluso nelle riunioni di gruppo. Durante il mio primo anno come direttore delle vendite, il mio *team* di vendita è salito dall'ultimo posto nella classifica di prestazioni degli Stati Uniti fino ad avvicinarsi al secondo posto. Questa svolta completa non è stata frutto di un colpo di fortuna, ma piuttosto di un cambiamento sostenuto e coerente.

Nel 1999 mi è stato chiesto di assumere il ruolo di Vice Presidente per la Formazione alla Vendita in Gartner in America. Le mie responsabilità includevano la gestione di un *team* di addetti alle vendite che addestrava i nuovi venditori assunti presso la nostra azienda al sistema ValueSelling. Ho anche ottenuto una certificazione ValueSelling e la mia passione e fiducia nell'efficacia del processo sono cresciute continuamente. Le nostre nuove assunzioni comprendevano dirigenti delle vendite che avevano precedentemente lavorato per aziende come HP, IBM e Xerox; tutte con una grande reputazione nel campo della formazione. Questi professionisti esperti hanno sempre commentato che ValueSelling era la migliore formazione che avessero mai ricevuto. Era pratico e funzionava.

Nel 2003 era giunto il momento per me di cambiare carriera e ho preso la difficile decisione di lasciare Gartner e il mio ruolo come sostenitrice di ValueSelling al suo interno. Mi sembrava logico che la mia prossima carriera si sarebbe sviluppata in ValueSelling Associates. A tal fine, ho contattato Lloyd Sappington per chiedere un lavoro. Ma mi aspettava una grande sorpresa.

Per Lloyd era giunto il momento di pensare alla pensione e di ritagliarsi più tempo libero per il golf. Stava dunque progettando attivamente la sua strategia di ritiro. Era entusiasta di farmi entrare in ValueSelling – ma come nuova proprietaria, invece che impiegata. Paralizzata dall'eccitazione, ho esaminato le opzioni insieme a mio marito, Steve. In un periodo di sei mesi, e con il supporto totale di Steve, abbiamo messo in atto un piano e acquisito ValueSelling Associates a titolo definitivo.

Da allora, mentre il clima degli affari a livello mondiale si configurava come una sfida sempre più impegnativa, il mio entusiasmo verso l'efficacia di ValueSelling cresceva continuamente.

I capitoli di ValueSelling ti guideranno passo dopo passo attraverso il *Framework* di base di ValueSelling - dall'introduzione alla chiusura - tra cui:

- Perché funziona

- Come la semplicità e il *potere* sono integrati nel *framework*

- Cosa devi sapere dai potenziali clienti - e come fare le domande giuste per ottenere queste informazioni critiche

- Come creare l'essenziale VisionMatch per mettere te e i tuoi potenziali clienti sullo stesso campo

- Sviluppare un valore vero basato su obiettivi aziendali nascosti e obiettivi personali del/i decisore/i

- Strutturare un piano comune che ti porti a una chiusura della vendita basata sulla creazione di un rapporto

Il mio obiettivo nello scrivere *ValueSelling* è di fornirti una guida che ti consentirà di beneficiare immediatamente del *framework* di base di ValueSelling. Quindi, in base al tuo successo iniziale, spero che il tuo desiderio sia quello di continuare ad approfondire la tua conoscenza di ValueSelling. Puoi scoprire di più sulla nostra formazione alla vendita online e di persona su www.valueselling.com.

Ho specificatamente indirizzato questo libro a professionisti delle vendite (responsabili vendite, manager e rappresentanti) che offrono prodotti o servizi complessi e di fascia alta che richiedono approvazioni multilivello, semplicemente perché quel tipo di vendita può risultare il più impegnativo. Ma se la vostra azienda è grande o piccola, *business-to-business o business-to-consumer*, se vendete per telefono o faccia a faccia - se la competizione per voi riguarda il valore e non il prezzo - ValueSelling fa per voi. Per avere successo ti devi confrontare quotidianamente con altri individui altamente competitivi, fiduciosi e appassionati.

Devi acquisire e mantenere regolarmente l'accesso a dirigenti o *senior* indaffarati e sfuggenti all'interno di ciascun ambiente del cliente. E dal momento che probabilmente lavori con uno schema di obiettivi e tuoi premi variabili, il tuo reddito totale - e la tua carriera - sono direttamente correlati alla tua performance di vendita. Sei pragmatico, e anche ValueSelling lo è.

Per quelli di voi che sono venditori o rappresentanti del servizio clienti in aree meno complesse, anche voi troverete ValueSelling facile da assorbire e particolarmente rilevante per i vostri specifici ambienti di lavoro.

Prima di passare al quadro attuale di questo potente processo di vendita, vorrei condividere con voi solo una delle tante storie su come ValueSelling ha dato a un responsabile commerciale pieno di dedizione gli strumenti per passare al livello successivo.

Karen era una delle migliori venditrici quando ho avuto la fortuna di diventare la sua direttrice. In Gartner, ai migliori dirigenti di vendita era assegnato un premio "Eagle". Karen ne aveva tre e aveva guadagnato la sua ultima Eagle nello stesso anno in cui aveva dato alla luce il suo secondo figlio. Immagina: era stata in grado di raggiungere questa performance in un anno in cui si era presa tre mesi di assenza dal lavoro. Era ammirata da tutti i suoi pari e compagni di squadra.

Il primo anno di lavoro di Karen per me è stato anche un anno di transizione in Gartner a causa di un paio di eventi significativi. In primo luogo, Gartner aveva acquisito un concorrente, DataQuest. Il risultato per l'organizzazione di vendita era che ora avrebbero dovuto vendere una linea di prodotti nuova e molto diversa in aggiunta ai prodotti principali.

In secondo luogo, a metà anno, il *team* di *leadership* delle vendite aveva annunciato una spesa di $ 22 milioni per aggiornare i computer portatili di tutti i venditori con una tecnologia all'avanguardia e un'applicazione di Salesforce Automation. Il tranello: per finanziare l'aggiornamento tecnologico, la quota di ogni venditore era stata aumentata a metà anno.

Come direttrice vendite di Karen, ho avuto il "piacere" di consegnare quel messaggio. Per la maggior parte dei venditori, quando la quota aumenta, il reddito diminuirà se le prestazioni rimangono costanti. Questo era certamente il caso di Karen, che calcolò che l'aumento delle quote a metà anno le sarebbe costato circa $ 20.000 in commissioni future in quello stesso anno. Come direttrice delle vendite, ho deciso che dovevamo concentrarci sul positivo; che era mio compito assicurarmi che Karen e tutti i membri del suo *team* fossero dotati delle competenze, strumenti e processi necessari per avere successo.

Ho pianificato rapidamente una riunione di gruppo per concentrarmi su alcune "riqualificazioni" e sulla revisione di ValueSelling. Quello che è successo mi ha conquistata. Probabilmente sarai d'accordo sul fatto che la maggior parte dei venditori odia le riunioni e troverà qualsiasi motivo per evitare di partecipare. Karen non faceva eccezione. In effetti, in passato, ogni volta che organizzavo una riunione un'emergenza dell'ultimo minuto impediva a Karen di partecipare.

Avevo pubblicato l'ordine del giorno e annunciato che ci saremmo concentrati su ValueSelling come chiave del nostro continuo successo. Karen non solo ha partecipato all'incontro, ma durante la parte dedicata a ValueSelling l'ho vista spingersi letteralmente sul bordo della sedia. Era completamente immersa e prendeva appunti, faceva collegamenti e creava azioni da mettere in pratica sulle sue attività di vendita in corso.

Ho trovato fantastico il tutto, ma poi ho capito: perché le vendite dovrebbero essere diverse da qualsiasi altra professione basata sulle competenze? Nessuno mette in dubbio che Tiger Woods o Andre Agassi abbiano un allenatore, o che perfezionino sempre il loro gioco e si concentrino nuovamente sui fondamentali. I migliori venditori, come Karen, fanno la stessa cosa. Cercano attivamente il *coaching* e l'allenamento e capiscono che possono sempre migliorare.

Karen, quell'anno, ha continuato nel suo impegno e ha raggiunto la sua quarta Eagle, superando i guadagni dell'anno precedente. Attribuisce il suo successo non solo nelle vendite, ma nella vita, a ValueSelling. Applicare il processo e la formula ha dato a Karen il dono del tempo. È riuscita costantemente a qualificare le sue opportunità per essere più produttiva in ufficio e preservare il suo tempo personale con il marito e i bambini piccoli.

Come ha fatto per Karen, ValueSelling ha cambiato il corso della mia carriera e la mia vita in grande stile. E so che avrà un impatto incredibilmente positivo sulla tua carriera di vendita e sui tuoi risultati.

CAPITOLO 1:

ValueSelling: la forza è l'innata semplicità

"Nessun problema può essere risolto finché non viene semplificato. La trasformazione di una vaga difficoltà in una forma concreta e specifica è un elemento essenziale del pensiero".
J.P. Morgan, Finanziere (1837-1913)

Tutti abbiamo tutti avuto quel momento "eureka" in cui abbiamo compreso che portare a termine una vendita non è semplicemente questione di capacità. La saggezza comune ci dice che il miglior prodotto o servizio volerà letteralmente via dagli scaffali, ma non sempre questo succede. Spesso i clienti prendono decisioni di acquisto utilizzando criteri più ampi, ad esempio: queste caratteristiche possono risolvere i miei problemi? Hanno effetti positivi sulla mia attività? Le caratteristiche sono allineate con la mia visione della soluzione del problema? Questi problemi valgono la pena di essere risolti? La soluzione si collega alle mie motivazioni personali? Questo prodotto o servizio è quello di cui ho bisogno?

Come professionista delle vendite da oltre 20 anni, ho avuto il piacere di lavorare sia per *leader* di mercato che giocatori emergenti. Rimango sempre affascinata dal modo in cui portiamo a termine o meno le vendite nel mercato e da come i miei candidati sono giunti alle proprie conclusioni e hanno fatto le proprie scelte. Se il prodotto non è nulla di mistico le decisioni, spesso, non vengono prese in base alle sole capacità. È qualcosa di più ampio e profondo.

Recentemente, ero a un *meeting* con un candidato per introdurlo a ValueSelling e al suo potenziale. L'individuo in questione era il direttore generale della divisione statunitense di una grande società multinazionale che vende dispositivi ottici. Il motivo del suo interesse per ValueSelling era chiaro: avevano un bisogno immediato di migliorare i risultati di vendita nel 2006. Il direttore generale stava considerando la formazione del suo personale di vendita come componente chiave per incentivare le vendite.

Dopo un incontro durato più di un'ora mi ha chiesto di trovare del tempo per organizzare due ulteriori incontri, uno con il fondatore della sua divisione e l'altro con uno tra i migliori responsabili delle vendite in termini di prestazioni. Ho accettato, naturalmente.

Il fatto interessante è che nessuno di questi individui desiderava mettere in discussione ValueSelling o le nostre capacità. La conversazione che desideravano era completamente diversa: entrambi volevano capire come avevamo aiutato i nostri clienti ad avere successo. Volevano sapere quanti dei nostri clienti ci avevano utilizzato per la formazione una seconda volta, o se eravamo un singolo caso meravigliosamente fortunato. Volevano anche sapere come lavoravamo con i venditori che considerano una giornata di *training* come la prigione.

In altre parole, il modo in cui potevamo effettivamente influire sul loro *team* era più importante per questi due individui rispetto ai contenuti in agenda, giorno per giorno, del nostro programma di *training*.

ValueSelling Associates si è conquistata questa attività e ha condotto un *workshop* di grande successo. I venditori, armati di nuove competenze e di un processo coerente, sono riusciti ad aumentare significativamente le vendite in sei mesi.

La chiave per il successo nelle vendite, sia che tu stia vendendo un prodotto, un servizio o qualsiasi altra soluzione, è nella capacità del venditore di connettersi al "compratore". Il nostro compito è aiutare i *target* a contribuire alla risoluzione dei *business issues* (problemi aziendali) con l'utilizzo della nostra soluzione. La comprensione completa delle loro attività e dei loro *business issues* viene prima di ogni discussione riguardo le nostre capacità.

Detto questo, ogni individuo in relazione al proprio cliente giustificherà le sue decisioni in modo diverso. ValueSelling è la chiave per attraversare quel processo e per scoprire e plasmare le opinioni dei potenziali clienti sulle tue capacità, il tuo valore e, di conseguenza, la tua capacità di conquistare la loro fiducia e infine l'affare.

È naturale credere che basti spiegare a un potenziale cliente il valore del tuo prodotto e le ragioni per cui è migliore di qualsiasi altra opzione sul mercato per essere scelto. Molti dirigenti commerciali professionisti hanno dedicato molto tempo a elaborare il *pitch* perfetto proprio per ottenere questo risultato. Ma è abbastanza per avere successo? Rappresentare il miglior prodotto della tua categoria è sufficiente a garantirti il successo e i numeri nelle vendite? Non più. Con il passare del tempo i potenziali clienti, sia aziende che privati, sono diventati più esperti su come e con chi fanno affari. Sono più giudiziosi e cauti riguardo alle relazioni che coltivano e ai venditori che scelgono.

Quindi, come fare in modo che un potenziale cliente si renda conto del reale valore che offri in relazione alle loro esigenze, in modo che scelga le tue soluzioni e capacità? Inizia tutto da un concetto basilare, ma potente: domandare, non affermare. È un concetto semplice, ma spesso trascurato.

ValueSelling è un approccio semplice per connettersi ai criteri con cui i nostri clienti, alla fine, prenderanno le proprie decisioni. Seguendo i passaggi della metodologia ValueSelling, i dirigenti delle vendite hanno migliorato le loro carriere e raggiunto risultati più alti che mai.

Il punto di forza di ValueSelling è che si tratta di un processo di vendita che può essere replicato in ogni situazione di vendita, indipendentemente dalla complessità: *business-to-business o business-to-consumer*. Si basa su passaggi facili da imparare e ripetibili, che illustreremo in dettaglio in questo libro. Ti forniremo gli strumenti necessari per risparmiare tempo, sforzi e risorse in tutte le situazioni di vendita, riducendo al minimo il rischio di perdere il cliente o di perdere tempo con quei potenziali clienti che non compreranno mai nulla. Imparerai come valutare rapidamente le vendite in stallo, aumentare la precisione delle tue previsioni, espandere ogni opportunità e ridurre gli sconti. E anche se i concetti possono sembrare complessi all'inizio, la ragione per cui ValueSelling funziona è che è un processo di vendita veramente semplice, replicabile e potente:

- *Qualificare il Tuo Potenziale Cliente* - il potenziale cliente ha un problema aziendale (*business issue*) o personale che puoi risolvere?

- *Collegare i Punti* - il tuo prodotto o servizio può risolvere quei problemi?

- *Fare le Domande Giuste* - avete le informazioni giuste che vi permettono di fornire la soluzione migliore?

- *Differenziazione* - cosa ti distingue dalla concorrenza nella mente del potenziale cliente?

- *Sviluppo del Valore* - hai collegato in modo chiaro i vantaggi esclusivi del tuo prodotto o servizio in relazione alle problematiche aziendali e personali specifiche?

- *Identificazione del Potere* - sei in relazione con chi ha il potere di scelta definitivo?

- *Elaborazione di un Piano Reciproco* - hai pianificato i passi per portare avanti la vendita?

- *Chiusura della Vendita* - Successo

ValueSelling è logico e intuitivo. E allora perché siamo stati condizionati a ignorare l'ovvio? Per capirlo, diamo una rapida occhiata alla storia della professione di venditore.

Per molti anni, le vendite ruotavano attorno a un potenziale cliente che si avvicinava a un venditore in mezzo al baccano di un mercato. I due cominciavano a barattare - il cliente spingendo per il prezzo più basso e il venditore per il più alto - senza preoccuparsi particolarmente del valore reciproco al centro dello scambio.

Nella prima parte del ventesimo secolo, la mentalità del "chiudere la vendita ad ogni costo" era al centro della professione. Ancora una volta, il venditore spingeva per il prezzo più alto e, dall'altra parte il cliente lottava per ottenere il prezzo più basso.

Negli anni '50, la prospettiva della vendita si spostò verso una posizione più illuminata, che riconosceva l'importanza della visione del cliente e del valore che questo otteneva attraverso la transazione. All'inizio degli anni '60 era iniziata una vera evoluzione: l'IBM fu una delle prime aziende a introdurre il concetto di *"Application Selling"*, che si concentrava sulle applicazioni dei *computer* nel mondo degli affari. Durante questa fase il professionista delle vendite assumeva il ruolo di consulente per i propri clienti, aiutandoli a migliorare le proprie attività aziendali attraverso l'uso dei prodotti e servizi del venditore.

Alla fine degli anni '80, l'industria dell'alta tecnologia era esplosa e una pletora di nuovi strumenti entrò nello scenario: *hardware*, *software*, stampanti; bastava pronunciare un nome per trovare qualcuno che ne aveva bisogno. Mentre tutte queste nuove alternative a IBM facevano il proprio ingresso nel mercato, i nuovi venditori avevano compreso chiaramente i punti di forza del prodotto e servizio che stavano vendendo. Potevano parlare di problemi tecnici e soluzioni, ma quello che mancava loro era la capacità di articolare il motivo per cui la soluzione che offrivano avrebbe aiutato direttamente le aziende a cui tentavano di vendere.

Lloyd Sappington, che ha iniziato la sua carriera come venditore presso IBM, è diventato un responsabile vendite presso Xerox

Computer Services. Mentre lavorava in Xerox, Lloyd aveva creato
il suo primo corso di formazione alla vendita, incentrato sul valore
della vendita di soluzioni contabili e di produzione.
Sebbene le sue basi fossero nelle applicazioni e nelle filosofie di
vendita consultive, Lloyd era focalizzato sulla giustificazione dei
costi e sugli aspetti di ritorno sugli investimenti della transazione di
vendita.

Lloyd ha addestrato centinaia di venditori e ha perfezionato
continuamente il processo di vendita che aveva creato per riflettere le
dinamiche mutevoli del mercato.

Una delle chiavi del suo successo è stata il miglioramento
dell'accuratezza delle previsioni dell'organizzazione. Ha iniziato
a rivedere tutte le opportunità previste per determinati periodi di
tempo e ha compreso che, quando il processo di vendita non portava
alla chiusura, c'erano alcuni schemi chiari e informazioni mancanti
che sfuggivano coerentemente ai dirigenti delle vendite. È stato
in grado di identificare i cinque motivi più comuni di stallo delle
vendite:

1. Mancanza di Connessione a un *Business Issue* (Problema Aziendale) Critico

Non è sufficiente che i prodotti e i servizi della tua azienda siano
di prim'ordine: devono essere in grado di risolvere i *business
issues* più scottanti del potenziale cliente. I potenziali clienti
che non riescono a percepire la tua soluzione come connessa
a un *business issue* critico ti metteranno in fondo al loro
elenco delle priorità e il tuo ciclo di vendita, probabilmente,
non porterà da nessuna parte. Molti dirigenti di vendita non
mettono mai a fuoco l'effetto sul *business*, concentrandosi solo
sulla risoluzione dei problemi tecnici.

2. Mancanza di Valore Percepito

Le decisioni aziendali sono in genere giustificate in termini finanziari e impatto aziendale positivo. Spesso i responsabili delle vendite non hanno la capacità di aiutare i potenziali clienti a scoprire il valore delle soluzioni che propongono. Il Valore di Business deriva dal *business issue*; in altre parole, non c'è alcun valore in una soluzione a meno che non sia in grado di risolvere un *business issue* o aiuti un'organizzazione a raggiungere i propri obiettivi.

Di importanza pari al Valore di Business è il concetto del valore personale individuale di ciascuna delle persone coinvolte nelle decisioni di acquisto.

3. Mancanza di Differenziazione

I nostri potenziali clienti hanno sempre alternative a disposizione. Non importa se ci si rapporta con un concorrente diretto, se si sta risolvendo un *business issue* insieme alle risorse interne o non si sta facendo nulla in particolare, raramente non esistono alternative all'orizzonte. È fondamentale che i responsabili delle vendite abbiano l'abilità non solo di comprendere e articolare come e perché la loro alternativa è diversa (e, si spera, migliore) ma anche di creare un bisogno che riguarda l'unicità che propongono - bloccando in tal modo le alternative in competizione.

4. Mancanza di Autorità Decisionale

I responsabili delle vendite vengono spesso ingannati e finiscono per credere che le decisioni di acquisto possano essere prese a qualsiasi livello all'interno dell'organizzazione. Negli acquisti più significativi fatti oggi dalle imprese è necessario il coinvolgimento dell'esecutivo e persino del consiglio di amministrazione. Sottovalutare il *potere* dei dirigenti e la mancanza di *potere* del *middle management* continua ad essere un punto cieco per molti dirigenti commerciali.

5. Rischio

Man mano che il potenziale cliente si avvicina alla decisione di acquisto, aumenterà il rischio personale e professionale. In qualità di professionisti delle vendite, dobbiamo ricordare che ci occupiamo di mitigare il rischio e aumentare il successo dei clienti.

Nel 1988 Lloyd si ritirò dal mondo aziendale. Quell'estate un ex collega lo convinse a sviluppare un programma di formazione per la sua organizzazione di vendita. È stato allora che Lloyd ha formalmente sviluppato ValueSelling come *framework* per aiutare i venditori a collegare le funzionalità del prodotto con lo sviluppo di alcuni aspetti dell'attività del cliente.

Ha applicato ciò che aveva imparato e sperimentato per creare i principi, i processi e gli strumenti di base che sono al centro di ValueSelling.

Tutti gli altri modelli di vendita si concentrano sul prodotto o sulla soluzione del problema "spinoso" dei potenziali clienti. ValueSelling consente ai venditori professionisti di raggiungere un successo maggiore fornendo competenze, processi e strumenti specifici e di facile comprensione, semplici da implementare. Le aziende che hanno fatto leva su ValueSelling sono cresciute esponenzialmente a mano a mano che i venditori hanno adottato le competenze e i processi, e l'organizzazione si è concentrata sui clienti potenziali e non.

Come professionista delle vendite sai già che nel tuo campo non esiste la formula perfetta: il processo di vendita non esiste come isolato nel vuoto. Avete bisogno di un *framework* potente e ripetibile che sfrutti il modo in cui i potenziali acquirenti scelgono di comprare. E devi consentire ai tuoi potenziali clienti di vedere il valore dell'ottenere quello che cercano attraverso le capacità del tuo prodotto o servizio. I grandi venditori sono parte del successo del *business* dei clienti.

Ad un certo punto della tua carriera, indipendentemente dal tuo livello, ti troverai ad affrontare delle sfide. Spesso quelle sfide sono articolate nei termini di: "Non riesco a chiudere la vendita". A questo punto hai davvero bisogno di "togliere qualche strato alla cipolla" per comprendere i problemi che stanno al centro. La causa principale, senza eccezioni, può essere trovata tramite l'applicazione di ValueSelling.

Non importa quale sia la tua professione, i migliori cercano sempre di migliorare. Ho avuto la fortuna di ascoltare il *coach* Michael Kryzewski, meglio conosciuto come Coach K, della squadra di basket della Duke University Blue Devils, mentre condivideva il suo punto di vista sulla motivazione e sul *coaching*. Il Coach K è stato vice allenatore dell'Olympic Dream Team del 1992. Molti lo considerano il miglior *team* mai esistito, in qualsiasi sport, con i migliori giocatori di basket del mondo dell'epoca: Larry Bird, Patrick Ewing, Magic Johnson, Karl Malone e Michael Jordan. Quando Jordan si è avvicinato al Coach K dopo una sessione di prova, tutto ciò che l'allenatore si aspettava era una bonaria presa in giro. Quello che accadde, invece, lo sbalordì. "Voglio allenarmi sulle mie mosse offensive per mezz'ora", gli disse Jordan. "Puoi esercitarti con me?"

Sebbene Jordan fosse al vertice del suo gioco e della classifica, sapeva che da soli non si migliora e che il momento perfetto per migliorare è proprio quando si è più bravi. Come professionista delle vendite, probabilmente stai leggendo questo libro per migliorare ulteriormente ciò che fai, riscoprendo cose che già sai o costruendo nuove competenze.

Molti dei migliori venditori sono inconsciamente competenti sugli aspetti della vendita. ValueSelling porta anche al venditore di maggior successo un *framework* conciso che costruisce sopra ciò che già funziona e fornisce gli strumenti e le competenze per essere più efficace quando i cicli di vendita e le relazioni d'affari entrano in una fase di stallo. Ti consente di gestire la conversazione e portare la vendita al passo successivo nel ruolo di consulente, piuttosto che venditore o venditore ambulante.

Mentre molti professionisti delle vendite si considerano già consulenti, esiste una sfumatura sottile, ma critica, che differenzia le due figure.

Poniti questa domanda: qual è il tuo obiettivo principale quando incontri per la prima volta un potenziale cliente? Raccontare loro della tua compagnia e della tua offerta? O conoscere i loro *business issues* e ciò che attualmente riconoscono come bisogni? I consulenti forniscono soluzioni a bisogni e problemi. I professionisti delle vendite forniscono prodotti e servizi. Ad esempio, chiediti: stai vendendo PC (o *software* o servizi) o promuovendo il successo dei tuoi clienti? Se la tua risposta è la prima, dovresti ripensare alla natura delle tue interazioni con i clienti.

La vendita non riguarda te, ma il potenziale cliente. Come puoi soddisfare davvero le loro esigenze se non sai cosa pensano o di cosa hanno bisogno, sia professionalmente che personalmente? Quante diapositive in una presentazione devono scorrere prima che tu faccia una domanda che riguarda il cliente? Se è più di una, probabilmente hai già perso in partenza. O peggio ancora, se non tieni in conto le esigenze del tuo interlocutore e tieni i riflettori puntati sul tuo copione, potresti essere tu a dare loro un motivo per non comprare da te. L'idea è di creare uno sfondo per preparare la scena a te e alle tue capacità. Gli oggetti di scena sono inutili se non conosci il palcoscenico.

> *"Uno dei miei dipendenti aveva cercato di aumentare il volume degli affari con una grande azienda di telecomunicazioni. La vendita avrebbe comportato un rapporto a lungo termine, ad alto reddito e di maggiore impatto con il cliente. La venditrice aveva lavorato parecchio e bene, ma voleva puntare in*

*alto e vendere di più. Cominciò ad usare il sistema
ValueSelling con tutti i suoi contatti e comprese
che questi non conoscevano le risposte ai driver di
business critici, o quello che la società si aspettava
dall'investimento.*

*"I suoi interlocutori capirono rapidamente il
valore delle risposte che ottenevano e offrirono
di organizzare incontri con i vertici più alti.
Era una situazione di vantaggio reciproco: la
venditrice era riuscita a far crescere i suoi contatti
con i dirigenti individuando i punti critici dei
business e coinvolgendoli nella conversazione, E il
rappresentante delle vendite era riuscito a scalare la
piramide fino a raggiungere il decisore finale.*

*"ValueSelling ci ha fornito un processo logico per
coinvolgere il venditore nella conversazione: il
risultato è stato di oltre mezzo milione di dollari di
entrate aggiuntive e la considerazione del cliente, che
ora ci vede davvero come un consulente di fiducia
piuttosto che un fornitore di preferenza."*

*Sarah Caverhill,
The Ken Blanchard Companies*

Per i venditori di successo ValueSelling risulta intuitivo, perché si
basa sulla capacità del venditore di padroneggiare due chiavi:

- interazione con il cliente

- gestire la conversazione e il dialogo

Interagire con il cliente non deve mai essere confuso con l'"andare
d'accordo" con il cliente. Un'interazione positiva con il cliente
implica scoprire in modo efficace i suoi *business issues* e problemi

personali, ponendo le domande giuste nell'ordine giusto e con il giusto livello di profondità.

Saper gestire la conversazione con il cliente è fondamentale. Sì, un *pitch* efficace è importante, ma la chiave è connettersi con la prospettiva del cliente piuttosto che aspettarsi che sia il cliente a sforzarsi di assumere la tua.

Una delle sottigliezze più forti di ValueSelling è la premessa che "Non riguarda me". Si tratta di disimparare la modalità "racconto" e spostare i riflettori sul potenziale cliente e sul suo punto di vista. Per farlo con successo, devi imparare a porre buone domande e ascoltare le risposte.

È possibile gestire la conversazione attraverso gli interrogativi che poniamo. Come spiega David Kahl, ex cliente ValueSelling e attuale associato ValueSelling, "Devi consentire al potenziale cliente di parlare, perché quando i riflettori sono puntati su di lui o lei, facciamo in modo che sia il cliente a portare avanti il lavoro più pesante. Quando sei tu al centro dell'attenzione, sei tu a fare tutto il lavoro cercando di spostare continuamente la conversazione e ottenendo raramente le informazioni reali di cui hai bisogno."

Il successo non si limita semplicemente a porre domande specifiche, ma piuttosto al modo colloquiale in cui chiedi per ottenere le informazioni specifiche di cui hai bisogno. L'obiettivo è quello di far muovere il potenziale cliente attraverso il processo di acquisto in modo efficace. Spesso dimostriamo più credibilità e valore agli occhi dei nostri clienti e potenziali clienti attraverso le domande che poniamo rispetto alle risposte che forniamo.

Ogni capitolo in ValueSelling si concentra su strategie specifiche per far progredire la vendita. Analizzeremo ogni elemento del processo ValueSelling e forniremo gli strumenti necessari per:

- creare un bisogno utile alla tua differenziazione;

- connettere il valore aggiunto che offri alla risoluzione dei problemi critici del cliente;

- scoprire e connettersi alla motivazione del potenziale cliente;

- stabilire il *business case* e la giustificazione;

- identificare, ottenere e mantenere l'accesso al decisore finale;

- realizzare piani concordati reciprocamente e in modo specifico in modo che tu e il cliente lavoriate in sintonia verso un singolo obiettivo, con le stesse tempistiche;

- riunire il tutto in modo da ridurre il tempo necessario ai tuoi clienti per agire, aumentando così la tua produttività.

CAPITOLO 2:

Il Fondamento di ValueSelling:
Le Persone Comprano dalle Persone

"Il successo non è nulla di magico, né di misterioso: è la naturale consequenza dell'applicazione coerente delle basi fondamentali."
Jim Rohn, Speaker Motivazionale e Imprenditore (1935-2009)

Essendo un professionista esperto delle vendite, sai già che negli ultimi anni il clima degli affari è cambiato profondamente. Enron, Tyco, Halliburton e altre società sono gli esempi più notevoli di inganno verso consumatori e azionisti. Di conseguenza la responsabilità, la fiducia e l'etica sono divenuti aspetti fondamentali.

La fiducia è semplicemente più difficile da ottenere al giorno d'oggi. Le persone sono diffidenti e caute. Dopotutto, tutti a un certo punto siamo rimasti scottati da un venditore che ha promesso la luna senza mai consegnare nulla. Hai presente il "vaporware"? Un vaporware è un *software* o *hardware* annunciato pubblicamente o attivamente commercializzato (spesso per influenzare i potenziali clienti ad evitare l'acquisto di prodotti della concorrenza), ma che non è stato ancora prodotto. Spesso, il bene in questione non verrà mai prodotto, entrerà molto tardi sul mercato o non risulterà essere all'altezza delle promesse di *marketing* e vendita.

La colpa degli esempi che ho citato può e dovrebbe ricadere nell'ambito delle responsabilità dei *sales executive*. Perché i dirigenti delle vendite subiscono un duro colpo? Spesso i potenziali clienti non credono che il venditore abbia a cuore il loro interesse, piuttosto credono che il successo di questi avvenga a loro discapito. Ciò che è vero nella vita reale è vero nei rapporti di lavoro: riponi la tua fiducia solo in coloro che credi non ti danneggeranno o si approfitteranno di te.

Mentre il prezzo e le capacità sono e saranno sempre elementi importanti nell'equazione, i clienti cercano sempre più *partner* che condividano gli stessi valori e che possano essere considerati affidabili e responsabili. Dal punto di vista del cliente, i venditori SONO l'azienda che rappresentano. Una relazione commerciale di successo, quindi, è basata sulla relazione personale che sviluppi con il tuo potenziale cliente. Maggiore è la fiducia e la profondità del rapporto, più è facile incoraggiare i potenziali clienti a condividere le loro motivazioni personali per scoprire come i tuoi prodotti possono creare valore nei loro confronti e per le loro imprese.

Come compratori tutti abbiamo maggiori probabilità di riporre fiducia in qualcuno che dimostra competenza, professionalità e comprensione dei nostri bisogni; qualcuno il cui stile comportamentale è simile al nostro. È la natura umana. Ma ancora di più: ci fidiamo delle persone che dimostrano una genuina comprensione dei nostri problemi; siamo disposti a impegnare e investire tempo ed energie in una conversazione con queste persone. Questo è un principio fondamentale su cui è costruito il Value Selling Framework: le Persone Comprano dalle Persone.

I migliori venditori sono quelli che si rendono conto che non puoi mai forzare una persona a cambiare perché pensi che dovrebbe farlo, o costringerla a vedere ciò che tu vedi. I venditori di successo sono in grado di riprogettare e navigare efficacemente attraverso il processo di acquisto dei clienti piuttosto che forzare i clienti ad adottare il proprio processo. Come possiamo quindi aiutare il cliente all'interno del suo processo e, in ultima analisi, facilitare la scelta della nostra soluzione? Per creare e mantenere un rapporto dobbiamo iniziare dalla comprensione del cliente.

Il fondamento di ValueSelling si basa su sei principi logici che descrivono le modalità di interazione tra i professionisti delle vendite e gli acquirenti.

Che tu stia cercando di metterti alla prova con un dirigente di alto livello o un *manager* di medio livello, la tua capacità di successo risiede nel comprendere e applicare queste basi:

PRINCIPI FONDAMENTALI DEL *FRAMEWORK* VALUESELLING

Le Persone Hanno Bisogno di un Motivo per Cambiare

Il Prodotto è nella Mente dell'Acquirente

Le Persone Prendono Decisioni di Acquisto Emozionali per Ragioni Logiche

L'Uso Corretto del Potere è la Chiave

Non Puoi Vendere a Qualcuno che Non Può Comprare

PRINCIPIO FONDAMENTALE:
LE PERSONE COMPRANO DALLE PERSONE

PRINCIPIO 1: *Le Persone Hanno Bisogno di un Motivo per Cambiare*

L'idea che le persone abbiano bisogno di una ragione per cambiare è il concetto più basilare e ovvio. Il cambiamento risulta difficile per molte persone: include il rischio, l'incertezza e la probabilità che debbano essere impiegate lunghe ore e sforzi per gestire con successo il cambiamento.

Pensala così: per far decollare un aereo c'è bisogno di una quantità enorme di spinta, ma una volta che l'aereo è in aria, il pilota può diminuire la potenza. È lo stesso nelle situazioni di vendita: ci vuole energia e duro lavoro per produrre un cambiamento, ma se è fatto per le giuste motivazioni e c'è un problema di allineamento e una risoluzione, ci vorranno meno energia e lavoro per mantenere il cambiamento.

Come venditore non puoi forzare il cliente a cambiare. Se è questo il tuo approccio, probabilmente non avrai successo e rimarrai parecchio frustrato. È necessario che il cliente padroneggi la tua idea, per questo va guidato innanzitutto nell'identificazione dei suoi problemi e nella scoperta dei motivi per cui è necessario un cambiamento. Un potenziale cliente deve vedere un valore sufficiente nell'affrontare le ragioni del cambiamento, tale che lo motivi a voler diventare un tuo cliente.

Un venditore eccellente, la cui azienda aveva implementato ValueSelling mi ha parlato di una volta in cui lavorava con un potenziale cliente per chiudere una vendita sostanziale di attrezzature per l'automazione a un fornitore di servizi sanitari. Il potenziale cliente era un veterano della gestione dei materiali con 29 anni di esperienza, a un anno di distanza dalla pensione. Il responsabile delle vendite aveva utilizzato la formula ValueSelling durante tutto il processo di vendita e pensava di aver compreso completamente i *business issues* e le esigenze aziendali del potenziale cliente: aveva posto le domande giuste, compreso i *business issues* e proposto ciò che riteneva essere la soluzione migliore per incontrare le esigenze del potenziale cliente.

Alla fine della sua presentazione, il potenziale cliente gli disse che anche se offriva esattamente ciò di cui aveva bisogno, il costo era troppo alto per essere giustificato. Era stato onesto nello spiegargli che, alla fine, non voleva affrontare lo sforzo necessario per incorporare il sistema, o creare problemi a solo un anno dal suo ritiro.

Comprensibilmente, il direttore delle vendite aveva lasciato la riunione sconsolato, ma ossessionato dal tentativo di capire come trasformare la situazione in una vittoria. All'improvviso la soluzione gli balenò in mente: sapeva che il potenziale cliente sarebbe andato in pensione e molto probabilmente avrebbe fatto affidamento sul suo ex datore di lavoro per le cure mediche a lungo termine nei suoi anni d'oro, così lo chiamò per fargli una domanda: "Rispetto la tua decisione, ma visto che andrai in pensione e vivrai qui, chi finanzierà la tua assistenza sanitaria nei prossimi anni?" Con grande sollievo del venditore, sarebbe stata la società per cui lavorava il potenziale cliente. Così continuò con la seguente domanda: "Non vorresti che il fornitore di servizi sanitari che sceglierai ti offrisse il meglio in termini di benefici a lungo termine?" La risposta fu un sonoro "sì". Era riuscito a individuare un valore personale abbastanza significativo per far progredire la vendita.

Aveva raggiunto una fase di stallo, ma usando e applicando il quadro di riferimento di ValueSelling, era stato in grado di determinare che il potenziale cliente era avverso al rischio in termini di carico di lavoro e paura di commettere un errore che avrebbe rovinato la sua eredità. Il responsabile alle vendite era stato in grado di superare questo ostacolo usando la stessa avversione al rischio come motivazione positiva. E aveva imparato una lezione preziosa: la maggior parte delle persone spende più energie a fare cose per evitare di sembrare cattiva piuttosto che prendersi il tempo per esaminare le opzioni e avere successo.

Per convincere un potenziale cliente che è necessario un cambiamento, è necessario essere in grado di risolvere un problema. Non importa se offri il miglior *widget* o soluzione, se tutto quello che hai tra le mani è una soluzione in cerca di un problema. Il nostro obiettivo nel collegare una motivazione a cambiare è connettersi con qualcosa che è più grande della semplice soluzione di un problema o dell'eliminazione di una seccatura.

Ci sono due chiari motivatori per produrre un cambiamento:

Business Issues - Obiettivi e scopi aziendali

Problemi Personali - Obiettivi e scopi individuali

Esiste una netta differenza tra iniziative chiave o obiettivi aziendali e *business issues*. Uno scopo aziendale o, in altre parole, un obiettivo aziendale, è ciò che i clienti devono realizzare per mantenere o far crescere la propria attività. Un *business issue* è qualcosa che i clienti hanno bisogno di affrontare e risolvere per raggiungere il proprio obiettivo. Una volta identificato il problema, lo si analizza in profondità per risolverlo - una difficoltà che impedisce al potenziale cliente di essere in grado di affrontare o risolvere in modo soddisfacente il proprio *business issue*. Sia che tu stia proponendo una nuova soluzione o che tu stia cercando di sostituire un venditore esistente, se non riesci a scoprire un motivo per cambiare neanche il tuo potenziale cliente ci riuscirà, e non poterà accadere nulla.

Il tempismo è tutto quando si cerca un motivo per cambiare. Potresti aver provato ad ottenere un appuntamento con un potenziale cliente per mesi o anche anni senza successo. All'improvviso sei stato contattato. Perché? Qualcosa deve essere cambiato nel suo mondo o nella sua prospettiva che ora rende opportuno discutere la tua offerta.

Ma una volta scoperto questo *business issue*, si apre la porta per creare la tua soluzione e scoprire il tuo valore unico. L'unica cosa che conta è la percezione del cliente del valore o dell'effetto sui suoi *business issues*.

Ecco una bella domanda da porsi quando si identifica la necessità di cambiare: se il mio prodotto o servizio fosse gratuito, verrebbe adottato? Puoi avere il migliore dei prodotti a tua disposizione, ma se i clienti non lo capiscono e non lo connettono con i propri *business issues* e problemi personali non lo compreranno, o lo accetteranno anche se è gratuito perché non ne comprendono il valore.

PRINCIPIO 2: *Il Prodotto è nella Mente dell'Acquirente*

Non importa quello che fai - è importante ciò che il potenziale cliente pensa di fare. Portando il ragionamento al passo successivo: non riguarda ciò che dicono i nostri opuscoli, è quello che sappiamo adattarsi alle esigenze del cliente. È il lavoro che facciamo per dare davvero vita a ciò che facciamo agli occhi del cliente che rende facile ai nostri potenziali clienti fare affari con noi.

Prova a immedesimarti: quando acquisti una casa, per la maggior parte di noi l'investimento più grande della nostra vita, non stai comprando dei muri; stai acquistando il quartiere, le scuole, la posizione, lo stile architettonico - stai proiettando l'unicità della tua vita in quella casa. Detto più semplicemente: non importa quale sia il prodotto, nessun cliente potrà mai vederlo o immaginarlo allo stesso modo. Lo visualizzeranno in base ai loro problemi, contesto, storia e prospettiva.

Funziona allo stesso modo negli affari. Fai acquisti in base a ciò che pensi che il prodotto farà per te. Questa è una delle caratteristiche di un buon venditore: la capacità di identificare esattamente come il cliente prevede di utilizzare o sperimentare il tuo prodotto o servizio e modellare la percezione che il cliente ha del tuo prodotto.

Uno dei nostri associati ValueSelling ha recentemente riportato una situazione che illustra questo punto. Un cliente di J.B. Bush gli aveva chiesto di convalidare una grande opportunità che prevedeva di chiudere in quel mese. Era stata considerata un'opportunità *must-win* per l'azienda, per cui di assoluta importanza. Quando J.B. arrivò dal cliente trovò una squadra di otto persone, molte delle quali non aveva mai incontrato prima, pronta a discutere della situazione di vendita.

> *"Il Responsabile Finanziario Globale e quello locale*
> *sono partiti subito in modalità presentazione,*
> *tentando di convincermi che l'accordo si stava*
> *chiudendo come previsto. Mi sono seduto e ho*
> *ascoltato pazientemente, facendo alcune probing*
> *questions (domande di sondaggio) nel mentre e*

facendomi un'idea della struttura della proposta, dei passi compiuti e delle risorse impegnate.

Quando hanno finito la presentazione si sono seduti, mi hanno sorriso - un ragazzo mi ha fatto segno col pollice alzato mentre un altro mi ha addirittura fatto l'occhiolino come per dire, 'è fatta, vero?'

"*Ho iniziato a porre loro delle domande che avevano lo scopo di rivelare quali informazioni conoscevano dal punto di vista del cliente, quanto erano veramente allineati con la sua prospettiva e se avevano confermato con il potenziale cliente per iscritto.*

"*Ho scoperto subito quanto la loro presentazione fosse di grande impatto, rifinita e professionale: erano state utilizzate molte risorse (compreso il tempo dei dirigenti), ma...*

"*Non erano consapevoli del punto di vista del cliente e quindi non erano in grado di confermare di essere allineati con il principale business issue del cliente. Non erano in grado di articolare e confermare che il potenziale cliente fosse convinto della loro differenziazione. Di fatto, il team aveva spiegato allo sponsor presso il potenziale cliente quale sarebbe stato il valore/impatto sul business.*

"*Molto probabilmente esisteva una disconnessione tra la prospettiva del potenziale cliente, i problemi e le soluzioni, e la prospettiva del team di vendita*".

E sai cos'è successo? L'accordo non si è concluso come previsto ed è stato ritardato di oltre sei mesi.

I venditori spesso cadono nella trappola di non capire cosa i loro potenziali clienti fanno o non comprendono. Per avere maggiore successo, è fondamentale connettersi con chi si ha di fronte per confermarne la comprensione completa, nella loro lingua. In qualità di venditori è nostro compito creare e confermare questa comprensione nella mente del cliente.

Ti sei mai trovato nella situazione in cui il potenziale cliente ti dice che conosce tutto della tua azienda? Quando ti viene detto questo devi confermarne la veridicità chiedendo spiegazioni.

Potrebbero anche essere disposti a comprare qualcosa da te. Forse hanno ragione - ma se si sbagliano? Cosa succede se stanno acquistando la soluzione sbagliata o hanno aspettative oltremodo inadeguate?

In ValueSelling, definiamo i ***Business Issue* (problema di business di alto livello)** come quei problemi che i potenziali clienti devono affrontare e risolvere al fine di raggiungere i loro obiettivi di business. La chiave è che i potenziali clienti devono concepire le capacità del prodotto o del servizio che offri di risolvere i loro problemi meglio di qualsiasi altra alternativa, assistendo nella risoluzione di un *business issue* chiave e aiutandoli a raggiungere un obiettivo aziendale chiave.

Nel *Framework* ValueSelling, questo processo di connessione è chiamato **Creare un VisionMatch Differenziato**.

PRINCIPIO 3: *Le Persone Prendono Decisioni di Acquisto Emozionali per Ragioni Logiche*

È un errore comune pensare che una decisione di acquisto emotiva equivalga a una decisione di acquisto irrazionale. Non è assolutamente così. Prendere una decisione di acquisto emotiva significa essere connesso con l'individuo che prende la decisione sulla base di una motivazione personale.

È identificare ciò che fa battere il cuore, ciò che provoca una scarica di adrenalina e li tiene motivati ad agire.

Le persone sono motivate dalle proprie ragioni, non dalle nostre. Ricordi la storia precedente sull'*executive* a un anno di distanza dalla pensione? Il venditore è stato in grado di superare l'avversione al rischio concentrandosi sulle preoccupazioni individuali del suo potenziale cliente riguardo l'assistenza sanitaria a lungo termine. È stato questo a fornirgli la motivazione per affrontare un carico di lavoro aggiuntivo e superare la sua paura del fallimento. Ha preso una decisione sbagliata per conto della compagnia? Assolutamente no - il valore economico era reale: si trattava di acquistare sistemi all'avanguardia e ottenere un ritorno enorme sull'investimento.

I venditori che hanno la capacità di creare una connessione a livello individuale hanno più successo durante il ciclo di vendita. È importante notare che comprendere le questioni emotive non equivale a scavare nella vita personale di un individuo, ma a indagare e creare connessioni con i fattori motivazionali e le aspirazioni delle persone con cui lavoriamo.

Il valore, percepito o reale, tangibile o intangibile, è il cuore della motivazione. Dobbiamo connetterci con la percezione dei benefici e dell'impatto delle nostre soluzioni, con la percezione del potenziale cliente riguardo l'impatto che la nostra soluzione avrà sui suoi affari. La gente comprerà qualcosa se crede che abbia sia un Valore di Business che personale effettivo:

Valore di Business: Il tuo prodotto deve fornire un impatto tangibile e quantificabile sull'attività del potenziale cliente, come il ritorno sull'investimento (ROI) o risparmi sui costi. Il valore deriva dal *business issue* ed è specifico per ogni cliente.

Valore Personale: Non è possibile portare a termine una vendita se non viene soddisfatta la ragione personale di un potenziale cliente che lo spinge a cambiare o agire. Questa è nota anche come *"What's In It For Me"* (e io cosa ci guadagno?) o fattore WIIFM.

Quanto più efficacemente aiuti i tuoi potenziali clienti a collegare il valore della soluzione ai loro obiettivi aziendali e personali, tanto più forte sarà la loro motivazione ad agire con te. È fondamentale pensare al tuo potenziale cliente su due livelli: desideriamo il successo dell'organizzazione quanto quello dell'individuo.

PRINCIPIO 4: *L'Uso Corretto del Potere è la Chiave*

Tutto ciò di cui abbiamo discusso non ha alcun senso se non viene applicato con la persona che ha l'autorità effettiva di realizzare un acquisto - chi detiene il **Potere**. Finché non avrai accesso e comprensione del punto di vista della Persona con il *Potere* riguardo i *business issues*, soluzioni e valore, correrai il rischio di adottare una prospettiva diversa da quella del cliente. E, ugualmente importante, se il tuo interlocutore non è la persona che può comprare potresti aver solamente perso tempo.

Può essere davvero difficile determinare chi effettivamente detiene questa autorità presso i tuoi potenziali clienti. Le ragioni possono essere molte:

- la persona a cui hai accesso ti dice che ha autorità decisionale e può persino credere di averla effettivamente;

- alcuni venditori presumono che se qualcuno è disposto a incontrarli o a fare loro da sponsor, quella persona è il responsabile;

- alcuni venditori non hanno sufficiente fiducia nel valore che possono fornire all'esecutivo e finiscono per auto-sabotare se stessi senza nemmeno tentare di accedere a livelli più alti dell'organizzazione.

L'autosabotaggio può essere una barriera enorme per finalizzare la vendita, sia che si tratti della paura di non avere nulla da dire a qualcuno che detiene il *potere*, o della paura di sembrare stupidi. In realtà, più in alto vai, più risulta facile aprire una conversazione di lavoro; è tutto basato sul *business*/risultato finale e meno su specifiche tecniche e dettagli della soluzione. Tuttavia, potresti avere un'unica *chance* per tentare di vendere partendo dall'alto: devi quindi essere preparato in modo da poter fare buone domande e conoscere la prospettiva e i piani del dirigente.

In fin dei conti, se non hai accesso alla persona con il *potere* rischi di perdere tempo e risorse in opportunità che non porteranno ad alcuna conclusione. L'implementazione e applicazione di ValueSelling riguarda la mitigazione del rischio. I venditori più efficaci stabiliscono e mantengono un rapporto a livello di *potere*, cioè con la persona che ha l'autorità definitiva di firmare per concludere un acquisto o di stanziare fondi per attuare un progetto. Per finalizzare la vendita è fondamentale avere un VisionMatch tra te e la persona con il *potere*.

Allo stesso tempo, i nostri potenziali clienti non hanno in mano tutto il *potere* in questa interazione. I professionisti delle vendite detengono una parte del *potere* e devono usarlo saggiamente. Il modo in cui trascorri il tuo tempo, distribuisci risorse preziose dalla tua azienda e negozi il tutto attraverso il processo di vendita definisce il corretto uso del tuo *potere*.

PRINCIPIO 5: *Non Puoi Vendere a Qualcuno che Non Può Comprare*

Semplice, no? Eppure quanti di noi sprecano tempo e risorse preziose a sviluppare una relazione con qualcuno che non ha l'autorità per comprare. Esistono mille motivi per contattare persone che non possono comprare. Finché non identifichiamo e otteniamo l'accesso alla persona che può farlo, tuttavia, rimaniamo a rischio. Potremmo essere fortunati, certo, ma il nostro obiettivo è conquistare il successo grazie ai nostri sforzi, non nonostante questi.

Tutte queste questioni diventano la base per sviluppare il potenziale cliente e determinare se il processo di vendita andrà a buon fine. Usando il processo di interrogazione ValueSelling e le strategie che scoprirete nei prossimi capitoli, avrete in mano tutto quello che serve per concludere una vendita.

Come Una Società è Sfuggita alla Guerra delle Offerte

HA-International è un attore importante nell'industria della fonderia nordamericana e rappresenta il più grande fornitore di prodotti per la produzione di anime/stampi. L'azienda offre la gamma più completa di prodotti supportati in tre segmenti di mercato: sistemi di resine per l'incollaggio di sabbia, sabbia rivestita in resina per il processo di intelaiatura e rivestimenti refrattari.

HA-International è stata costituita attraverso una *joint venture* tra Delta Resins e Borden Chemical nel 2001. Le culture di vendita delle due organizzazioni erano significativamente diverse. Un gruppo vendeva in base al prezzo; l'altro in base a prezzo e valore. La finestra di opportunità per i prodotti di sabbia con rivestimento di resina è relativamente piccola, con solo circa 2.000 possibili clienti negli Stati Uniti in totale. Per questo motivo, la società stava sperimentando un'erosione della marginalità e alta concorrenza che la stava rapidamente spingendo nel business delle materie prime. I clienti facevano pressioni sui fornitori per contenere i costi. HA-International offriva una tecnologia superiore, ma il valore di questa non era percepito come abbastanza alto da giustificare i prezzi.

HA-International aveva bisogno di una metodologia coerente e ripetibile che consentisse al suo *team* di vendita di vendere in base al valore intrinseco che le soluzioni dell'azienda portano ai suoi clienti. Il *team* di vendita doveva essere in grado di comprendere i problemi organizzativi e le sfide dei propri clienti, in modo da articolare distintamente i prodotti, risolvere le vere esigenze dei clienti e agire nel ruolo di consulenti di vendita, costruendo relazioni a lungo termine basate sul valore piuttosto che sulla riduzione dei costi.

Usando il *Framework* ValueSelling, HA-lnternational è stata in grado di armare il proprio *team* di vendita con le competenze necessarie per gestire il dialogo con i potenziali clienti in modi nuovi e mai sperimentati prima. Concentrandosi sulla necessità di apprendere le problematiche aziendali (*business issues*) dei potenziali clienti, i membri del *team* di vendita sono stati in grado di identificare e differenziare il valore unico dei loro prodotti andando incontro alle esigenze dei potenziali clienti.

Di conseguenza, i margini di HA-International sono aumentati del 20% rispetto all'anno precedente, insieme alla penetrazione economica che è aumentata in modo significativo, contribuendo con ben oltre un milione di dollari al margine netto. Secondo Keith McLean, presidente di HA-International, "è stato l'anno di maggior successo che abbiamo mai registrato. Il *team* di vendita parla di valore, e il mio telefono non riceve più richieste di competizione sul prezzo da parte dei venditori. Il *business* è cresciuto in volume, e non abbiamo pagato in termini di marginalità".

Come illustra il successo di HA-International, la fiducia e il rapporto sono essenziali per incoraggiare i potenziali clienti a condividere le proprie sfide e consentire di partecipare alla creazione di soluzioni a valore aggiunto. Pertanto, la tua capacità di creare - e mantenere - fiducia e buoni rapporti è fondamentale. Per fare ciò è necessario conquistare la fiducia dei potenziali clienti affrontando consapevolmente le loro domande e preoccupazioni e gestendo professionalmente la relazione. Quando ciò accade, i clienti si siedono al tavolo con una maggiore fiducia e la volontà di continuare a lavorare con te.

I professionisti delle vendite che eccellono nello stabilire fiducia e relazioni si distinguono dalla massa e portano sia i rapporti con i potenziali clienti che le commissioni di vendita al livello successivo.

ValuePrompter

Come stabilire fiducia e buone relazioni

- rispetta il tempo e le scadenze del tuo potenziale cliente

- ascolta empaticamente e supporta i sentimenti

- dimostra di conoscere il business del tuo potenziale cliente

- stabilisci una comprensione condivisa

- mantieni le promesse

- sii responsabile di te stesso e della tua azienda

- rispondi tempestivamente

- autenticità del progetto

Ecco i concetti che puoi applicare da subito per aumentare le prestazioni di vendita:

- *Le Persone Hanno Bisogno di un Motivo per Cambiare* - Un potenziale cliente deve credere in un reale bisogno di cambiamento prima di diventare tuo cliente. Per motivarlo, devi prima guidarlo a identificare i suoi problemi e scoprire i motivi per cui è necessario il cambiamento.

- *Il Prodotto è nella Mente dell'Acquirente* - L'acquisto del potenziale cliente si basa sulla sua idea di ciò che il tuo prodotto o servizio farà per loro. Devi aiutarli a identificare esattamente come prevedono di utilizzare o sperimentare il prodotto o servizio e modellare la percezione e comprensione della tua offerta nel modo migliore possibile.

- *Le Persone Prendono Decisioni di Acquisto Emozionali per Ragioni Logiche* - I potenziali clienti compreranno qualcosa se credono che abbia valore sia a livello di *business* che personale. Aiuta i tuoi potenziali clienti a collegare il valore della tua soluzione ai loro obiettivi aziendali e personali e saranno motivati all'acquisto.

- *L'Uso Corretto del Potere è la Chiave* - Se non hai accesso alla persona che ha l'autorità per effettuare l'acquisto, rischi di perdere tempo e risorse in opportunità che non si chiuderanno. Mitiga il rischio stabilendo e mantenendo il contatto con il livello di *potere*, in modo da poter conoscere le prospettive e gli obiettivi del dirigente.

- *Non Puoi Vendere a Qualcuno che Non Può Comprare* - Finché non identifichi e ottieni l'accesso alla persona che può acquistare, sei a rischio. Sviluppa il tuo potenziale cliente attraverso domande che ti consentano di determinare se esiste una necessità e se il potenziale cliente è interessato a un cambiamento in base ai suoi *business issues* e problemi personali.

CAPITOLO 3:

Collegare i Punti per i Clienti

"Ciò che mi preoccupa non è il modo in cui le cose sono, ma piuttosto come le persone pensano che le cose siano".

Epitteto, filosofo greco (A.D. 55-C.E.135)

Ti sei mai chiesto perché un affare non si è concluso?

In oltre 20 anni di esperienza lavorativa con *hardware*, *software* e società di servizi, sono stata più volte testimone dell'ovvia verità che circa un terzo di tutti i cicli di lavoro termina senza che siano state prese decisioni.

Il risultato più costoso e che spreca più risorse di qualsiasi altro in un ciclo di vendita è quello che finisce in "nessuna decisione". Se tu riuscissi a eliminare i tuoi cicli di vendita "senza decisione" potresti migliorare la tua produttività fino al 50 per cento.

Riesci a immaginare di eliminare virtualmente il fattore "non decisionale" nel tuo *record* di vendite? Nessun'altra abilità di vendita può influire tanto sull'aumento del tasso di chiusura quanto la qualificazione del cliente.

> *"Un giorno ho ricevuto una telefonata da un ex dipendente che stava cercando una referenza. Ho accettato, e due settimane dopo ho ricevuto una chiamata da una società di software a San Diego. Abbiamo parlato dell'ex dipendente e di come si era sempre concentrato sul dare il meglio.*
>
> *"Nel mezzo della chiamata mi sono reso conto che avrei dovuto utilizzare il processo di qualificazione*

49

delle vendite per proporre il mio amico, quindi ho iniziato a chiedere informazioni sui loro business issues e ho compreso che la donna era la nuova vicepresidente di una società che sarebbe stata acquistata o quotata. Poiché le vendite avvenivano esclusivamente tramite distributori di terze parti, non stavano facendo i numeri giusti, quindi aveva dovuto assumere immediatamente un team di vendita diretto e aumentare le vendite per mostrare una crescita immediata dei ricavi.

"Ho indossato il mio cappello da venditore e le ho chiesto, 'Sarà un problema assumere tutte queste persone con background diversi, che utilizzano diverse metodologie di vendita?',
'Come manager, sarà difficile per te trasmettere il valore della proposta della tua azienda alla tua squadra, in modo che possano comunicare quello stesso valore ai potenziali clienti?'
Stavo cercando di espandere il suo orizzonte di pensiero sui suoi problemi. Ho quindi chiesto, 'Cosa pensi che dovresti fare?' La risposta: "Penso che dovrei utilizzare un sistema di formazione alla vendita".

"Ed eccoci. Quindi ho chiesto se potevo parlarle di quello che faccio, ovviamente concentrandomi sulla velocità dei miglioramenti con l'adozione di ValueSelling. Era interessata, ma non aveva budget. Così abbiamo sviluppato un piano: lei avrebbe fornito accesso al Potere e garantito un budget se avessi venduto il nostro servizio alle persone con il potere nella sua azienda. Sei settimane dopo stavo inviando la fattura. La chiave è comprendere il business issue e capire se puoi collocarti all'interno del loro radar o meno."

Rick McAninch, Associate ValueSelling

Sebbene l'intenzione originale di Rick fosse quella di aiutare il suo amico a trovare un lavoro, ha rapidamente ottenuto i due elementi chiave per qualificare un potenziale cliente:

- conferma tra te e il cliente dei business issues irrisolti e della soluzione unica che adotterà per risolverli;

- la percezione del valore di essere in grado di risolvere i *business issues*.

Come spiega Sarah Caverhill di Ken Blanchard Companies, "Il processo di qualificazione è estremamente prezioso: porta la conversazione a un livello completamente diverso che ti consente di classificare ciò che sai e comprendere quello che non sai, ma che dovresti sapere."

La tua missione è aiutare il tuo potenziale cliente a collegare i punti usando le sue parole. Per fare ciò devi determinare che cosa li spinge, e l'unico modo per capirlo e adottare il loro linguaggio è quello di far definire loro i *business issues* e problemi personali, non solo i problemi che stanno cercando di risolvere, per mostrare davvero il valore unico della tua soluzione.

Inizia tutto da un *business issue* o problema aziendale, qualcosa che i potenziali clienti devono affrontare e risolvere per raggiungere i loro obiettivi di *business*. Anche se ti capiterà spesso di sentir parlare un potenziale cliente del problema di aumentare le entrate o ridurre le spese, non confondere obiettivi e problemi. Gli obiettivi sono obiettivi. I problemi riguardano le tattiche. I *business issues* sono generalmente causati da un numero qualsiasi di problemi che impediscono ai potenziali clienti di essere in grado di individuare o risolvere in modo soddisfacente i loro *business issues*. Le soluzioni sono qualsiasi cosa - prodotti o servizi - sia in grado di eliminare e risolvere questioni e problemi.

Dopotutto alle persone non piacciono le proposte di vendita; quello che amano è comprare.

E come venditore di successo, il tuo compito è di aiutarli a comprare. La sfida per i professionisti delle vendite oggi è che i clienti si aspettano che siamo noi ad adattarci al loro processo, e non viceversa. Sono più esperti e meno dipendenti dai fornitori per quanto riguarda le conoscenze, eppure le aspettative sono più alte in termini di collegamento dell'impatto dei vostri prodotti e servizi ai loro *business issues*.

Che si tratti di sabbia rivestita in resina o di *software* ad alta risoluzione, quello che ti chiedono è di aiutarli a rispondere alle seguenti domande: Posso comprare? Dovrei comprare? Quale sarà l'effetto sull'azienda e sulla mia carriera? La tua opportunità è quella di qualificarli come potenziale cliente mentre loro qualificano il tuo prodotto o servizio.

La qualificazione di un potenziale cliente va ben oltre la valutazione della sua possibilità di acquistare. Deve includere quest'ultima insieme alla necessità di farlo e, cosa più importante, deve comprendere la sicurezza di una conclusione positiva.

Abbiamo invertito e analizzato il processo secondo cui i clienti effettuano acquisti di grossa taglia, in modo da avere una visione prospettica dei passaggi di base che le persone affrontano nel processo di acquisto e di come è possibile guidarli e influenzarli con successo. Sia consapevolmente che inconsciamente, ognuno dei tuoi potenziali clienti passa attraverso il seguente processo di acquisto basato sul Valore prima di prendere una decisione:

Dovrei Comprare? → Ne Vale la Pena? → Posso Comprare? → Sono Convinto? = Decisione

Come i Clienti Acquistano

Dovrei Comprare? Il cliente sta affrontando un problema importante che deve essere risolto? Ogni azienda ne ha almeno uno e fa investimenti per risolvere quel problema; che sia l'acquisto di sistemi, l'assunzione di personale aggiuntivo o la costruzione di un nuovo *plant*. Tali investimenti sono fatti per mantenere la sostenibilità e la longevità del *business*. Una volta che il potenziale cliente ti informa del suo problema più importante, puoi identificarne la causa principale: si tratta di problemi tecnici, problemi di fornitura, di capitale? La causa principale del problema è la questione che devi risolvere.

Comprendere tutti gli elementi coinvolti ti aiuterà a rispondere alla domanda del "dovrei comprare?" Dal punto di vista delle vendite, si tratta della sfida di scoprire gli elementi che ti qualificano in modo univoco per creare differenziazione.

Ricorda sempre che ci sono molti prodotti sul mercato che un cliente non dovrebbe comprare. Solo perché promettono ROI non significa che il cliente ne abbia bisogno per sostenere la sua longevità.

Una volta stabiliti i veri *business issues*, è possibile cercare la soluzione che corrisponde alla visione del cliente su come risolvere il problema.

Comprerò? Se sono in grado di risolvere i *business issues* del potenziale cliente, ne varrà la pena? Ciò su cui riflette il tuo potenziale cliente è se risolvere il problema è un'opzione che vale lo sforzo, il tempo e la spesa. Potranno giustificare l'investimento e ricavare valore? Un ottimo modo per guardare alla questione è: sei disposto a spendere $ 9 per ricavare $ 10? La maggior parte di noi risponderebbe di no, ma ogni azienda e individuo ha una percezione diversa di ciò che vale o meno la pena. Tutti noi vediamo questa domanda in modo diverso in base alle nostre percezioni ed esperienze.

Ad esempio, qualcuno dà a me e alla mia assistente Cheryl $ 10.000 da spendere come vogliamo. Probabilmente io andrei in Africa a ricaricare le batterie, perché questo è ciò che è prezioso per me, ma Cheryl, d'altra parte, investirebbe indubbiamente i soldi per lavori nella sua abitazione. Questa è una domanda specifica per ogni cliente e non esiste alcuna risposta valida e onnicomprensiva.

Posso comprare? Le due domande hanno avuto risposta dalla persona che ha l'autorità, le conoscenze e il coraggio di comprare? Sappiamo che non sempre compreranno anche se riconoscono il valore, perché non ne hanno la possibilità. Quello che vuoi scoprire è se possono acquistare. Nelle vendite, oggi, quelle persone sono spesso difficili da trovare, o possono essere distribuiti su tutta l'organizzazione. I livelli di approvazione sono aumentati di due posizioni negli ultimi anni, al fine di proteggere le persone dagli errori e l'azienda da spese sconsiderate. In altre parole, lo stesso responsabile di medio livello a cui hai venduto direttamente solo pochi anni fa, ora ha bisogno dell'approvazione di due persone di livello superiore per effettuare acquisti. Di conseguenza, anche queste due persone devono essere istruite - e informate a fini di vendita - sul valore dei tuoi prodotti o servizi.

Un altro aspetto importante della risposta alla domanda *Posso Comprare* è: *Quanto è Rischioso?* Quanto valore attribuisce il potenziale cliente alla risoluzione del suo *business issue*? Ciò richiede una valutazione del valore che il cliente attribuisce all'utilizzo della soluzione per risolvere tale problema; il valore deve essere abbastanza grande da motivarlo. Le aziende e gli individui possiedono entrambi tolleranza al rischio. Qualsiasi cambiamento comporta un rischio ed è necessario scoprire la reale volontà del potenziale cliente di attuare un cambiamento e confermare la sua percezione della stessa volontà da parte dell'azienda. A volte finisce semplicemente con il realizzare che non stai lavorando con la persona giusta: è un passo necessario per mitigare il rischio in futuro.

Quando lavoravo come *sales executive* per Gartner, parlavamo dei tipi di personalità A, B e C. Il tipo A è chi sta in prima linea e prende decisioni ad alto rischio: il 50% dei loro piani è destinato al fallimento. Il tipo B è individuabile nella curva a campana - si assumerà il rischio quando avrà prove di successo. Tipo C è il ritardatario completo che passerà a nuove tecnologie e pratiche trascinandosi sulle piante dei piedi. Idealmente, desideri un potenziale cliente A. La personalità di B può essere conquistata con la persuasione, ma l'ultimo dei tipi che vuoi trovarti davanti è una C. Se sei una società di *widget* con il prodotto migliore e più all'avanguardia, ma contatti un produttore "tradizionalista" perché acquisti il tuo nuovo *widget*, dovresti essere consapevole fin dall'inizio che sarà l'ultimo a salire a bordo. Determinare la percezione del rischio di un cliente qualificandolo in partenza diminuirà la tua percentuale di rischio.

La risoluzione di ciascun componente nel processo di acquisto basato sul Valore è fondamentale per la tua capacità di differenziare l›offerta e, infine, chiudere la vendita.

La Percezione del Valore

Il secondo elemento nell'equazione di qualificazione del potenziale cliente è il *Valore*. Definiamo il *Valore* come la percezione da parte del potenziale cliente dell'impatto della soluzione nel risolvere il *business issue* - in altre parole, se esiste o meno un valore sufficiente per continuare a proporre la tua soluzione. Questo impatto deve essere espresso in termini sia di Valore di Business che personale. In un capitolo successivo esploreremo la differenza tra Valore di Business e personale e i motivi per cui entrambi sono fondamentali per lo sviluppo di un potenziale cliente qualificato. Vedremo anche come è possibile sfruttare il valore per creare la spinta dell'urgenza e motivare i potenziali clienti ad agire.

Il valore è sia *micro* che *macro*. È necessario comprendere il valore a livello aziendale e individuale. Due persone potrebbero prendere la stessa decisione di acquisto in base a due livelli molto diversi. Ad esempio, cosa succede se il tuo prodotto è un computer portatile?

Ci sono una serie di vantaggi nell'acquisto di un *laptop* anziché di un computer *desktop*: portabilità, affidabilità e risparmi sui costi sono solo alcuni. Dal punto di vista del *business*, un *laptop* e un *desktop* sono praticamente uguali in termini di manutenzione e capacità di *network* in un'impresa. Un potenziale cliente potrebbe acquistare il *laptop* per la sua portabilità, mentre un altro potrebbe sceglierlo in base alla sua affidabilità. Il micro-valore è davvero l'elemento di spareggio in queste decisioni di acquisto. Se si dispone di due prodotti con lo stesso valore commerciale tra cui scegliere, gli acquirenti si chiederanno quali sono i più comodi da utilizzare, se tutti gli altri elementi presi in considerazione sono indifferenti.

Collegare il Tutto

A questo punto, probabilmente, inizierai a notare come ValueSelling si fonde in una metodologia di vendita coesa. Risolvendo la questione del valore e approfondendo il processo di acquisto del potenziale cliente, soddisfi anche i seguenti principi ValueSelling:

Il *Valore* si riferisce al principio ValueSelling: *Le Persone Prendono Decisioni di Acquisto Emozionali per Ragioni Logiche.* Dopo tutto, se i valori aziendali e personali che spingono a effettuare l'acquisto non sono saldamente radicati nella mente del potenziale cliente, è probabile che questi non sia motivato a procedere con l'acquisto.

ValuePrompter

Ricorda che il tuo compito non è creare valore, ma scoprire ciò che ha valore e connetterlo alla tua soluzione.

Dovrei Comprare si riferisce al principio ValueSelling: *Le Persone Hanno Bisogno di un Motivo per Cambiare.* Senza un *business issue*, o la causa principale di un problema di fondo da risolvere, nonché un problema personale da affrontare, il potenziale cliente non sarà motivato a continuare un dialogo con voi. Allo stesso tempo, stabilendo la causa principale e identificando in che modo il tuo prodotto o servizio risolverà in modo univoco i *business issues*, hai collegato il principio ValueSelling: *Il Prodotto è nella Mente dell'Acquirente.*

Posso Acquistare si riferisce al principio ValueSelling: *Non Puoi Vendere a Qualcuno che Non Può Comprare.* Se il tuo potenziale cliente non è in grado di prendere la decisione finale di acquisto, la vendita si troverà in stallo. Ma se il tuo interlocutore non è il decisore finale, non tutto è perduto: puoi negoziare usando la tua comprensione dei problemi personali al fine di ottenere l'accesso al *potere.*

Comprerò si riferisce al principio ValueSelling: *L'Uso Corretto del Potere è la Chiave.* È necessario stabilire un rapporto con il potenziale cliente usando il suo linguaggio, in modo che riesca a identificare il vero valore del tuo prodotto o servizio e, infine, riponga la sua fiducia in te come consulente in grado di aiutare a risolvere i *business issues* e problemi personali.

È importante notare che qualificare il tuo potenziale cliente non è un evento singolo, né una lista di controllo delle attività; è qualcosa di fluido. I tuoi potenziali clienti non operano in un mondo statico.

57

Le situazioni cambiano: le persone cambiano lavoro e i *budget* vengono tagliati, e anche i clienti più qualificati possono rapidamente rivelarsi non più qualificati. Come vedrai, qualificare il tuo cliente è fondamentale non solo nella fase iniziale di identificazione, ma per riqualificarlo quando il ciclo di vendita si blocca.

Una volta che sei in grado di soddisfare ogni componente dell'equazione: *Posso Acquistare, Dovrei Acquistare, Comprerò* e *Comprendo il Valore*, puoi mappare il tuo processo di vendita sul processo di acquisto del cliente e sviluppare un piano per dimostrare che puoi fare e farai tutto ciò che citi nel tuo *pitch* di vendita.

Ecco i concetti che puoi applicare fin da subito per eliminare gli sforzi di vendita che risultano in Nessuna Decisione:

- Collega i Punti Adottando il Linguaggio del Target - Determina cosa li spinge facendo definire loro i problemi di business (*business issues*) e personali.

- Conferma, Poi Conferma di Nuovo - Fai in modo che i potenziali clienti definiscano i *business issues* irrisolti e la soluzione unica che adotteranno per risolverli, oltre a trasmettere loro la percezione del valore di essere in grado di offrire una risoluzione valida.

- Dovrebbero Comprare - Identifica la causa principale del problema che è necessario risolvere.

- Possono Comprare - Determina se il potenziale cliente ha la capacità e l'autorità di acquistare.

- Hanno Intenzione di Agire - Scopri la reale volontà del potenziale cliente di attuare un cambiamento e conferma la sua percezione riguardo la volontà dell'azienda di fare lo stesso.

- Riconfermare il Valore - Il potenziale cliente percepisce un Valore di Business e personale sufficiente per fare il passo successivo verso la tua soluzione

CAPITOLO 4:

Fare le Giuste Domande

"Abbiamo due orecchie e una bocca per poter ascoltare il doppio di quanto parliamo."

Epitteto, filosofo greco (D.C. 55- C.E. 135)

I venditori sono stati storicamente stereotipati come egoisti e inaffidabili perché percepiti come interessati solo a spingere i propri prodotti e servizi, senza ascoltare e fornire soluzioni creative. Per superare questo bagaglio storico devi evolvere in un consulente aziendale. In qualità di addetti alle vendite rientriamo tutti nel settore del successo dei clienti, non solo nella professione di venditore. Fare domande giuste al momento giusto e ascoltare attivamente le risposte è il carburante del processo ValueSelling. Comprendere il flusso, la struttura e l'organizzazione della conversazione è l'aspetto ripetibile del processo.

La maggior parte dei venditori crede di essere in grado di spiegare e comunicare tutto ciò che è necessario sapere sul proprio prodotto/ servizio: grazie alla padronanza del linguaggio e all'eloquenza nella presentazione, il potenziale cliente sarà convinto e spinto ad agire. Vendere, però, non significa solo raccontare. I nostri clienti non cercano cantastorie. Cercano invece persone interessate a loro, alla loro prospettiva, e che si interessano abbastanza da ascoltare davvero.

Le vendite non riguardano il saper raccontare, ma il saper gestire le conversazioni in modo che il cliente giunga alle stesse conclusioni a cui noi siamo arrivati grazie alla conoscenza e all'esperienza in prima persona. Al suo massimo potenziale, ValueSelling è il condurre conversazioni migliori e mirate con i nostri clienti e potenziali clienti, guidando ciascuno attraverso le proprie decisioni di acquisto e creando relazioni a lungo termine con i clienti.

I venditori di maggior successo che conosco sono anche i più curiosi. Sono genuinamente interessati a conoscere le aziende e le persone con cui lavorano. Non li stanno sottoponendo a un interrogatorio. Stanno conducendo e gestendo la conversazione per ottenere gli elementi fondamentali di cui hanno bisogno per sapere come avere successo nell'aiutare i loro potenziali clienti. Comprendono ciò che molti di noi faticano a capire: spesso dimostriamo più valore ai nostri clienti attraverso le domande che poniamo rispetto alle risposte che forniamo.

Un mio buon amico, nonché Vice Presidente Senior di una società *Fortune 25 Healthcare* e sostenitore di ValueSelling di lunga data, una volta ha raccontato questa storia: come venditore presso una società che offriva strumenti all'avanguardia nella tecnologia sanitaria alla fine degli anni '90, stava lottando per portare a casa numeri ed era nel 30 per cento più basso delle forze vendite. La metodologia di vendita dell'azienda si concentrava sulla dimostrazione del ROI in termini di giustificazione finanziaria dei processi utilizzati per soddisfare i problemi di qualità della vita dei pazienti del potenziale cliente.

Quando la società adottò la metodologia ValueSelling, si accese una luce in lui.

Quando, alla fine, aveva interiorizzato l'idea di porre le giuste domande sul valore, aveva realizzato che le sue interazioni con i clienti e potenziali clienti assomigliavano a un giro sulle montagne russe.

"ValueSelling è per me come il meccanismo di protezione costruito sulla prima salita di una grande giostra delle montagne russe", dice. "Poco dopo aver lasciato l'area di imbarco, le carrozze che trasportano i passeggeri sono spinte da una catena che li conduce in cima alla prima grande collina, quella che fornisce l'impulso necessario a muovere le carrozze e i passeggeri durante tutta la corsa. Mentre avanzi sulla prima salita, senti il suono metallico del dispositivo di sicurezza incorporato per proteggere i passeggeri dalla caduta libera nel caso in cui la catena si spezzi."

Cominciò a pensare a sé stesso come a quella catena che trascinava i suoi clienti su per la prima salita; ValueSelling era stato il meccanismo di sicurezza che aveva garantito il successo della sua spinta verso il cielo. In entrambi i casi, la corsa sulle montagne russe e il processo di vendita, esiste un meccanismo di sicurezza per la protezione contro i guasti. Se la catena si rompe sulle montagne russe, le carrozze scivolano all'indietro solo fino al punto in cui si è sentito l'ultimo rumore - meno di mezzo metro. Allo stesso modo, quando eseguito correttamente, ValueSelling è il meccanismo che impedisce agli addetti alle vendite di tornare all'inizio del processo di vendita nel caso in cui questo si arresti o rimanga in stallo.

Facendo le domande giuste e mantenendo una visione comune in ogni fase del percorso, era stato in grado di individuare i problemi e gli accordi che aveva stretto al fine di portare il cliente su per la salita del processo di vendita.

Il sistema improntato sulle domande aveva riacceso il suo entusiasmo per la vendita. Nel giro di un anno, era diventato il venditore numero uno della società e membro del Club 100 Per Cento - aveva raggiunto la sua quota di vendita ogni trimestre. Era stato anche eletto Esordiente dell'Anno e si era conquistato il premio Leadership di Vendita della società per aver sostituito un *asset* di importanza competitiva strategica.

Di recente ho lavorato con il Vicepresidente delle Vendite per un'azienda di servizi commerciali. Stava affrontando un grosso problema: l'azienda si era recentemente fusa con una società di consulenza e parte dell'integrazione comprendeva la vendita del nuovo portafoglio di servizi di consulenza insieme ai prodotti e i servizi tradizionali.

Nove mesi dopo la fusione, le entrate derivanti dalla consulenza erano inferiori al 2% del totale delle entrate e significativamente inferiori alle entrate previste dopo la fusione. Al Vicepresidente delle vendite era stato concesso un arco di tempo molto breve per creare un piano, eseguirlo e far crescere rapidamente le entrate derivanti dalla consulenza. I venditori erano stati addestrati sui nuovi prodotti, ma i numeri non stavano crescendo e gli ordini non arrivavano.

L'approccio per rendere la forza vendita capace di proporre il portafoglio completo di soluzioni era stato quello tradizionale: fornire una presentazione ad alto impatto e ad alta velocità che aveva coperto tutte le caratteristiche e vantaggi. Probabilmente hai partecipato tu stesso ad alcuni di questi incontri e presentazioni. E anche se hai imparato le funzioni dei prodotti, probabilmente non hai appreso come applicare quelle conoscenze al motivo per cui i potenziali clienti ne avrebbero sentito il bisogno o il desiderio.

Nel mio ruolo di consulente del Vicepresidente, ho suggerito la necessità per la forza vendita di aprire una conversazione sui *business issues* dei potenziali clienti in ogni chiamata di vendita per identificare eventuali problemi che avrebbero potuto essere risolti con i servizi professionali dell'azienda. Il compito fu affrontato sottoponendo ai clienti e potenziali clienti quesiti del tipo:

"Hai problemi a trovare persone competenti?"

"I licenziamenti degli ultimi tempi rendono difficile portare a termine i progetti?"

"Hai difficoltà a concentrarti sulle responsabilità fondamentali perché altre attività non essenziali ti rubano tempo prezioso?"

Includendo queste semplici domande, le vendite di consulenze dell'azienda erano balzate a $ 100 milioni nell'anno successivo.

Che cosa aveva fatto la differenza? Piuttosto che concentrarsi sulle caratteristiche e i benefici delle soluzioni, i venditori si sono concentrati sulle esigenze dei potenziali clienti. Alcuni di questi bisogni potevano anche non essere stati nemmeno individuati al momento della domanda, ma erano poi emersi e infine riconosciuti grazie al processo di indagine attraverso domande.

Come la maggior parte dei professionisti delle vendite, probabilmente conosci tutte le funzionalità dei prodotti e dei servizi che rappresenti. È un dato di fatto. E molto probabilmente ne sei appassionato e convinto, e sei pieno di entusiasmo quando puoi aprire discussioni su quelle capacità e sul loro impatto. Tuttavia, essere solo un "esperto di soluzioni" non è abbastanza; finirai per provare a spingere prodotti e servizi senza conoscere davvero i bisogni dei tuoi potenziali clienti.

La differenza sta nel modo in cui gestisci la conversazione su tali capacità con il tuo potenziale cliente. È questo il vero punto focale delle abilità di vendita e di creazione di relazioni, e la vera chiave che apre le tue possibilità di successo. Chiedendoti "A chi importa?" o "E quindi?" per ogni caratteristica di ogni prodotto e servizio che rappresenti, inizi a capire i motivi e le modalità di interesse che spingono i tuoi potenziali clienti ad adottare i tuoi prodotti e servizi all'interno delle loro attività. E invece di coinvolgere i tuoi potenziali clienti in una discussione sul perché hanno bisogno di comprare di più da te, devi invece discutere su quali sono i problemi più urgenti da risolvere. Una volta che un potenziale cliente è d'accordo con te sul riconoscere un particolare problema, si creano le basi per chiedere quale sia la loro visione delle potenziali soluzioni, creando un'esigenza per offrire la tua.

Quanto meglio comprendi i problemi che i tuoi potenziali clienti stanno affrontando, tanto più sarai abile nello scoprire le esigenze che i tuoi prodotti e servizi possono soddisfare, e migliore sarà l'integrazione delle soluzioni nel contesto delle varie attività dei potenziali clienti. Questa è l'essenza che differenzia un "esperto di problemi" da un "esperto di soluzioni". Utilizzando questo approccio, si diventa più consultivi nel processo di vendita e, in ultima analisi, si fa un passo oltre il ruolo di fornitore verso quello di consulente aziendale.

Quindi, come si fa a trovare le risposte a queste domande?

Molto semplicemente, inizia a fare le domande *giuste*.

Chiedere non è solo infilare domande nella conversazione. Si tratta anche di ascoltare le risposte e *indirizzare* la conversazione. Ascoltando attivamente e analizzando ogni domanda per chiarire, dimostrerai al tuo potenziale cliente di essere coscientemente competente. Se invece stai semplicemente aspettando il momento giusto per porre la domanda successiva, non ascolti davvero e potresti perdere quelle informazioni critiche che il cliente è disposto a condividere con te e che potrebbero influire sulla tua capacità di chiudere la vendita.

Capire come porre le domande giuste è importante, ed è l'esecuzione che è fondamentale. Prima di tutto non si tratta di un interrogatorio. È una conversazione, o una serie di conversazioni. Fa tutto parte del costruire relazioni e raccogliere le informazioni necessarie per aiutare i potenziali clienti a capire che le tue offerte sono la soluzione migliore per affrontare le loro sfide di business. L'esecuzione deve essere colloquiale e naturale.

Ci sono tre tipi di domande che vogliamo porre in ogni fase del processo di qualificazione del potenziale cliente:

- *Open-Ended* (A Risposta Aperta, di apertura)

- *Probing* (Di Sondaggio)

- *Confirming* (Di Conferma)

Il Processo *Open-Probe-Confirm* contribuirà al tuo rapporto e approfondirà la relazione che stai costruendo con ogni potenziale cliente.

Le tue capacità e i tuoi rapporti interpersonali sono fondamentali.

ValuePrompter

Il modo in cui chiedi è importante tanto quanto quello che chiedi.

Facciamo alcune domande in determinati momenti, per ragioni specifiche. Stiamo costruendo il nostro palcoscenico per descrivere, dimostrare e fornire le nostre capacità, differenziatori e modelli di *business* in un modo che ci consenta di avere successo, guadagnare fiducia e conquistare la vendita. Il processo di indagare attraverso le domande ci fornisce anche un sistema per recuperare il cliente nel ciclo di acquisto quando le cose cambiano o non vanno per il verso giusto. Per la maggior parte di noi, queste interazioni avvengono sia in tempo reale che gradualmente.

L'esecuzione e la gestione del Processo *Open-Probe-Confirm* è la chiave del successo nelle vendite. Se rimani bloccato nel processo di vendita, puoi utilizzare queste domande per tornare indietro, riconfermare o riqualificare.

Il Processo *Open-Probe-Confirm*

Fare domande a risposta aperta è il modo per permettere ai tuoi potenziali clienti di aprirsi con te e condividere informazioni sulle loro attività e su ciò che è importante per loro. Non esiste una risposta giusta o sbagliata - stanno esponendo il loro punto di vista. Questo ti aiuta a capire la situazione dei tuoi potenziali clienti e il contesto in cui operano.

Buone *probing questions* (domande di sondaggio) indirizzano e ampliano le prospettive dei potenziali clienti, inducendoli a riflettere su questioni che potrebbero non aver ancora preso in considerazione. Questa è la fase del processo di vendita in cui svolgiamo il nostro lavoro investigativo per giungere alla causa principale dei problemi e delle questioni che l'organizzazione deve affrontare nel proprio orizzonte.

La sequenza di queste domande è importante:

FASE 1 - Domande a Risposta Aperta

Lo scopo delle domande aperte è quello di comprendere la prospettiva del potenziale cliente. Quando qualifichi un potenziale cliente, farai una domanda a risposta aperta per iniziare una discussione su ognuna di queste aree: la loro visione sulle questioni, *business issues*, soluzioni, valore, chi prende le decisioni e che cosa hai bisogno di fare per essere convincente. Stiamo ponendo le basi della nostra credibilità e interesse verso di loro – chiediamo, prima di iniziare a offrire e spiegare.

Le domande a risposta aperta sono il nostro veicolo per comprendere ciò che il cliente pensa in un dato momento. È il trampolino di lancio per l'intera conversazione. Tendiamo naturalmente ad aprire conversazioni con domande a risposta aperta: "Parlami della tua giornata", oppure "Come procedono le cose ora?" Sono un modo naturale per far procedere la conversazione. Sono semplici - non complicate!

Le domande a risposta aperta non portano a una risposta del tipo sì, no o a una risposta "giusta". Dimostrano il tuo interesse nel capire il mondo e la prospettiva del tuo potenziale cliente, specialmente durante una chiamata iniziale. Utilizzando domande a risposta aperta, potresti scoprire quello che le aziende hanno fatto in passato per cercare di risolvere determinati *business issues*, o rivelare ciò di cui pensano di aver bisogno per superare determinati problemi.

Esempi di domande aperte:

> "Puoi spiegarmi perché..."

> "Mi diresti di più su..."

> "Come descriveresti i problemi che riguardano..."

Quando giungi a un argomento che hai bisogno di approfondire, è il momento di passare alle *probing questions*.

FASE 2 – *Probing Questions* (Domande di sondaggio)

È qui che scavi nei dettagli. Ad esempio, se il tuo obiettivo è conoscere meglio la redditività dell'azienda e le componenti che potrebbero mettere a rischio la loro redditività, inizierai a indagare sulle tipiche barriere al profitto.

Le *probing questions* mirano a scoprire condizioni più specifiche, basate sulle informazioni raccolte in precedenza attraverso le domande aperte. Le *probing questions* sono domande chiuse; avranno una risposta del tipo sì o no. E ricorda che potresti dover porre un certo numero di domande prima di arrivare a qualche sì. Questo tipo di interrogativi stabilisce la tua credibilità rivelando la tua conoscenza della società, dell'industria, del problema e della soluzione, e sottolinea ulteriormente il tuo desiderio di comprensione. Indagare con un obiettivo può aiutarti a scoprire aree specifiche - riconosciute o non riconosciute dal tuo potenziale cliente - che dimostrano ulteriormente la tua abilità come esperto di problemi.

Esempi di *probing questions*:

> "Questo succede perché..." (Esplorazione di *business issue* e problemi)

> "Non pensi che..." (Esplorazione di *business issue* e problemi)

"E se invece tu potessi..." (Esplorazione di soluzioni)

"Hai mai incontrato difficoltà nel..." (Esplorazione di problemi)

Se stai vendendo un prodotto o un servizio che non è ben noto, è più importante che mai conoscere il loro punto di vista sulle possibili soluzioni, perché le aspettative potrebbero essere irrealistiche o potrebbero avere un problema che non può essere risolto.

FASE 3 - Domande di Conferma

Fare domande di conferma serve semplicemente a dare prova della nostra comprensione e dà ai clienti l'opportunità di chiarire e approfondire ulteriormente quest'ultima. Se il dialogo si è protratto per un certo periodo di tempo, a volte la situazione o la prospettiva del potenziale cliente può cambiare.

L'arte nelle domande di conferma è usare l'ascolto riflessivo - confermando e ripetendo le stesse parole usate dal cliente e offrendo loro l'opportunità di elaborare ulteriormente. Non prendere per scontato il significato di ciò che ti viene detto. Chiedi per capire meglio.

La chiave non è la formulazione, ma il contenuto della domanda: "Ho utilizzato le parole e il linguaggio adeguati a mettere me e il cliente sullo stesso piano?", "Dammi un attimo per assicurarmi di aver capito tutto prima di continuare" oppure "C'è qualcosa che vorresti aggiungere a riguardo?"

Le domande di conferma cercano di ripetere ciò che il potenziale cliente ti ha già detto. Ti consentono di verificare la correttezza e l'attualità di ciò che hai scoperto con le domande a risposta aperta e *probing questions*. Dimostrano ai nostri potenziali clienti che comprendi i loro paradigmi e ti aiutano a confermare la validità attuale delle loro prospettive mentre progredisci nel ciclo di vendita. Le domande di conferma non solo dimostrano che hai ascoltato, possono anche servire come chiusure di prova e punti di controllo durante tutto il processo.

Esempio di domande di conferma:

"Quindi, quello che mi stai dicendo è che..."

"È corretto dire che..."

"Mi hai dunque detto che..."

Una volta che scopri una situazione diversa da quella che avevi compreso, torna ai due tipi di domande precedenti. Fai una domanda a risposta aperta e inizia ad indagare per approfondire la tua comprensione e porre le condizioni di cui hai bisogno. Indipendentemente da questo, è necessario ascoltare la risposta con una conferma, in modo tale che la risposta, o la domanda successiva, abbia senso nella conversazione.

Come già detto in precedenza, ValueSelling collega direttamente i principali obiettivi e questioni di *business* del tuo potenziale cliente con i tuoi prodotti e servizi, ponendo questi come mezzo per raggiungere tali obiettivi e risolvere i *business issues*.

Il processo ValueSelling e la qualifica del potenziale cliente procede attraverso quattro fasi:

1. informati sui *business issues* del tuo potenziale cliente;

2. scopri i *business issues* e collega le tue soluzioni per risolvere e indirizzare quei problemi aziendali specifici (Chiamiamo questo processo creare un *VisionMatch* Differenziato);

3. dopo aver confermato un *VisionMatch* Differenziato, sviluppa il valore di quel *VisionMatch* con la persona che ha il *potere*;

4. crea un Piano per giustificare l'avanzamento di una relazione commerciale.

La padronanza del Processo *Open-Probe-Confirm* è fondamentale per sviluppare la fiducia e il rapporto con i potenziali clienti. La chiave del tuo successo risiede nella tua capacità di ascoltare e comprendere ciò che il potenziale cliente ti racconta e di integrare ciò che apprendi nel Processo ValueSelling.

Come smuovi la situazione quando non riesci a ottenere informazioni rilevanti?

Quando hai a che fare con un potenziale cliente che si dimostra essere distaccato o distante, questi potrebbe avere in mente l'alternativa di un competitore e potrebbe non essere disposto a darti informazioni. Mentre gestisci il processo di interrogazione e fai domande consapevolmente competenti che mostrano la tua comprensione dei problemi, osserva attentamente le reazioni di quella persona. Se stai incontrando resistenze, potresti voler indagare i motivi. Non riconoscono forse le questioni e i problemi esistenti? La loro visione della soluzione non ti include? Se è così, fare domande aperte darà loro l'opportunità di comunicartelo. Il primo principio di ValueSelling è che le *Persone Hanno Bisogno Di Un Motivo Per Cambiare*. Hanno anche bisogno di un motivo per venirci incontro e partecipare alla conversazione.

Ecco i concetti che puoi applicare fin da subito per gestire le tue conversazioni e navigare con successo attraverso il processo di vendita:

- Sii Curioso - Dimostri più valore ai tuoi clienti attraverso le domande che poni rispetto alle risposte che dai.

- Non Riguarda Te - Concentrati prima sulle esigenze dei tuoi potenziali clienti in modo da poter differenziare le tue caratteristiche.

- Diventa un Esperto di Soluzioni - Quanto meglio comprendi i *business issues* e le questioni aziendali del tuo potenziale cliente, tanto meglio puoi scoprire le esigenze che i tuoi prodotti e servizi sono in grado di affrontare efficacemente.

• Chiedere e Basta Non è Sufficiente - Per ottenere una comprensione chiara e completa delle esigenze del potenziale cliente, è necessario porre le domande giuste nell'ordine giusto:

  – Le Domande Aperte ti consentono di comprendere la prospettiva del potenziale cliente.

  – La Verifica ti consente di scoprire dettagli specifici.

  – Le *Probing Questions* ti consentono di chiarire per capire.

CAPITOLO 5:

Elaborazione del *VisionMatch* Differenziato

"Se vuoi fare buon uso del tuo tempo, devi sapere cosa è più importante e poi dedicartici con tutto te stesso."
Lee Iacocca, Business Executive (1924-Presente)

I nostri potenziali clienti hanno sempre alternative: i concorrenti e lo *status quo*. L'unico modo per allontanare costantemente quelle alternative dalla mente del potenziale cliente è quello di scoprire e creare il bisogno relativo all'unicità che porti sul tavolo. È fondamentale che tu sia in grado non solo di comprendere e articolare come e perché il tuo prodotto o la soluzione è diversa dalle altre, ma di rispondere alle domande: "Ne vale la pena?" o "È davvero importante?" dal punto di vista del cliente.

META Group Inc., una società di tecnologia e ricerca tecnologica, è stata fondata nel 1998 da due ex dirigenti di Gartner. Il loro obiettivo era sviluppare un *business* migliore basato sulla ricerca rispetto a quello dei loro concorrenti, Forrester Research e Gartner. Nel 2003, la società era al terzo anno consecutivo di operazioni in perdita. John Daut era entrato a far parte dell'azienda come vicepresidente delle vendite nell'agosto 2003.

Il settore della ricerca era generalmente in difficoltà a causa del calo dei *budget* e di una maggiore concorrenza, ma il Gruppo META stava affondando più di tutti i suoi concorrenti. Il primo compito di John era di condurre un'autopsia del processo di vendita e diagnosticare le operazioni possibili per cambiare la situazione finanziaria. Era giunto alla conclusione che "la coda stava mordendo il cane".

"Non esisteva alcun controllo di qualità o conoscenza consapevole del valore che i clienti associavano alla

73

*nostra attività", mi disse John. "Se acquisivamo un
cliente, i venditori presumevano che ciò fosse dovuto
al fatto di piacere personalmente al cliente, se lo
perdevamo, si presumeva che il prezzo fosse la causa.
Non esisteva alcuna reale comprensione riguardo le
vittorie o perdite del business."*

John era stato addestrato in ValueSelling in una posizione
precedente e si sentiva a suo agio nel proporre ai suoi dirigenti
l'integrazione della metodologia. "Avevamo bisogno di un linguaggio
e di un processo comuni che ci portassero dal punto A, scoprendo
quali erano i *business issues* del cliente, al punto B, comunicando
perché i nostri servizi erano chiaramente i migliori per risolvere quei
problemi."

"ValueSelling ha aiutato i venditori a comprendere la vendita come
sottoprodotto della risoluzione di un *business issue*. Prima di
ValueSelling, erano consapevoli del fine di risolvere i problemi, ma
non capivano come valutare la differenza tra valore reale e problemi
non importanti."

Nel giro di un anno, la società stava chiudendo con successo l'80%
delle offerte che proponeva e, il 1 aprile 2005, Gartner, Inc. acquistò
la società. Secondo una dichiarazione rilasciata da Gartner nell'aprile
2005 che annunciava l'acquisizione:

*"Oggi abbiamo aumentato in modo significativo
la profondità e larghezza della nostra copertura
commerciale nel mercato ampiamente sottovalutato
della ricerca IT, accogliendo oltre 100 addetti alle
vendite altamente qualificati di META, persone che
conoscono il mercato e i nostri prodotti. Gartner è
un'azienda più forte e più ampia che mai, che ha ora
una maggiore capacità di raggiungere nuovi clienti
e le capacità per fornire agli attuali utenti ricerche e
analisi IT con prodotti e servizi migliorati."*

L'acquisizione è stata una testimonianza del lavoro svolto dal *team* per diventare un'organizzazione di vendita di livello mondiale. Non solo hanno differenziato con successo la loro offerta in un ambiente altamente competitivo; hanno anche perfezionato la capacità di gestire la conversazione con i potenziali clienti in modo da riuscire ad approfondire i *business issues* e creare una visione reciproca di come sarebbe cambiato il mondo del potenziale cliente dopo aver acquisito le soluzioni del Gruppo META.

Chiamiamo tutto ciò "Elaborare il VisionMatch Differenziato" e comprende tre componenti:

Fase 1 - Scoprire il *Business Issue*

Il *business issue* è la barriera di alto livello che un'azienda deve superare per raggiungere gli obiettivi aziendali dichiarati. È in generale la massima priorità per l'intera organizzazione ed è spesso il criterio chiave sulla base del quale i dirigenti vengono misurati e persino retribuiti. Il *business issue* è spesso trascurato dai professionisti delle vendite.

Molti venditori sono diventati esperti nel comprendere gli obiettivi aziendali dei loro potenziali clienti, ma mancano di quella comprensione dei problemi che può rendere più semplice raggiungere tale obiettivo.

Poiché un principio fondamentale di ValueSelling è "Le Persone Hanno Bisogno Di Un Motivo Per Cambiare", una comprensione degli obiettivi può risultare incompleta se il tuo potenziale cliente non vede alcuna difficoltà nel raggiungimento di tali obiettivi di *business*; lui o lei potrebbe non avere un motivo per cambiare o considerare i tuoi prodotti e servizi.

Fase 2 - Sviluppare i Problemi

Una volta identificato e confermato il *business issue*, è importante scoprire i problemi o le sfide che rendono difficile risolvere tale problema. A seconda dei prodotti e dei servizi che offri, scoprirai insieme al potenziale cliente che i problemi delineati potrebbero essere causa del *business issue*.

Fase 3 - Sviluppare la Visione della Soluzione del Potenziale Cliente

L'ultimo passo nella creazione di un VisionMatch Differenziato sta nell'identificare la soluzione che può essere applicata per superare i problemi del potenziale cliente e, quindi, risolvere il *business issue*. Come mostrato in precedenza, un VisionMatch è la conferma che le questioni commerciali e *business issues* dell'acquirente possono essere risolti con una soluzione specifica (preferibilmente la tua!). È importante comprendere la visione del cliente di ciò che pensano occorrerà per risolvere le loro questioni e *business issues* PRIMA di partire con un *pitch* o una presentazione dettagliata.

Vogliamo scoprire e sensibilizzare i nostri potenziali clienti riguardo tutti i problemi che siamo in grado di risolvere prima di iniziare a creare e discutere la soluzione con il cliente. È questa la chiave per bloccare alternative competitive.

Potresti avere una varietà di concorrenti più piccoli che vendono solamente parti di ciò che tu puoi offrire. Potrebbero fornire solo soluzioni puntuali, relative a un singolo problema o a una serie di problemi incompleta. Se riesci a scoprire una moltitudine di problemi che solo tu sei in grado di risolvere nella sua totalità, allora sarai in grado di eliminare le alternative competitive.

Per creare un vero VisionMatch Differenziato devi includere il potenziale cliente. Il fatto che il venditore comprenda le componenti delle questioni, *business issues* e soluzioni aziendali e le loro interconnessioni non è rilevante in un VisionMatch. Il VisionMatch è una conferma del fatto che il potenziale cliente considera i tre elementi precedenti nella stessa prospettiva.

Quando iniziamo, abbiamo già in mente il finale. Resta inteso che come professionisti delle vendite abbiamo una profonda comprensione delle nostre capacità, dei motivi per cui clienti e potenziali clienti utilizzano i nostri servizi, e i vantaggi che apportiamo sia alle aziende che ai singoli individui che serviamo. La nostra abilità come professionista delle vendite risiede nella nostra capacità di gestire la conversazione per scoprire la visione del mondo del cliente, per portare alla luce elementi che potrebbero non aver ancora considerato e creare una soluzione reciproca che consenta ai nostri potenziali clienti di raggiungere i loro obiettivi.

Quindi, comincia con la tua soluzione. Chiediti: cosa offriamo che è diverso o unico da qualsiasi alternativa? Una volta compreso questo, chiediti: perché un'azienda o un individuo hanno bisogno di quella capacità specifica?

Puoi ora modellare tali affermazioni nelle *probing questions*, in modo da convincere il cliente a comprendere e confermare, nei suoi termini, in che modo il prodotto risolve in modo univoco i *business issues* e le questioni aziendali e soddisfa le domande essenziali che portano all'acquisto:

Dovrei comprare? Il cliente ha un problema importante che può essere risolto solo con i prodotti e/o servizi che offro?

Siate consapevoli, tuttavia, che il vostro compito non è quello di decidere quali sono i problemi dei vostri potenziali clienti e di comunicare loro la vostra soluzione; il vostro compito è quello di utilizzare il Processo *Open-Probe-Confirm* per aiutarli ad articolare il loro punto di vista sui *business issues* e ciò di cui pensano di aver bisogno per superarli.

ValuePrompter

Se ti mancano fiducia e buon rapporto, il tuo potenziale cliente potrebbe fare resistenza allo sviluppo di un VisionMatch Differenziato e probabilmente ti chiederà semplicemente di presentare la tua soluzione.

Il diagramma sottostante mostra dove questioni, *business issues* e soluzioni aziendali si inseriscono nel processo ValueSelling. Per avere successo in qualsiasi situazione di vendita, è necessario comprendere e connettersi ai *business issues* dei potenziali clienti.

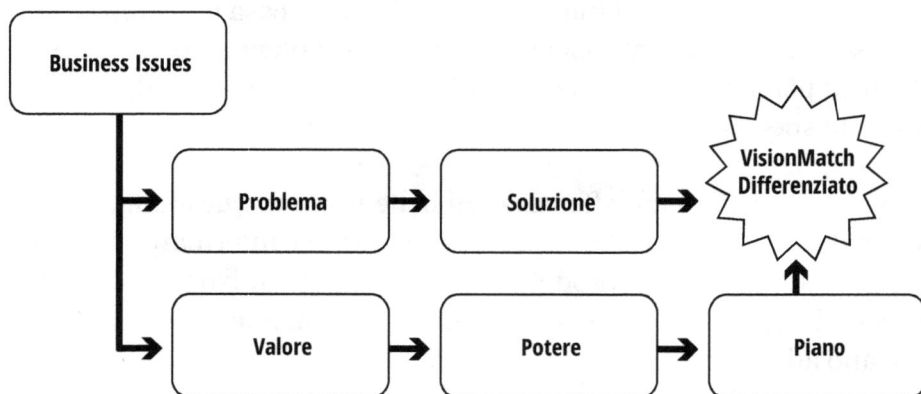

Scoprire i *Business Issues*

Ogni organizzazione ha *Business Issues* critici che devono essere affrontati e risolti al fine di raggiungere determinati obiettivi aziendali. I *Business Issues* sono generalmente correlati agli obiettivi generali di aumentare le entrate, i profitti, la quota di mercato e/o migliorare il flusso di cassa. Scoprendo questi problemi sarai in grado di identificare in che modo il tuo prodotto o la tua soluzione possono avere un impatto unico sul successo dell'organizzazione.

Esempi di *business issues* includono:

- Gestione dei costi (aumento dei profitti, miglioramento del flusso di cassa)

- Sfide o perdite competitive (aumento della quota di mercato)

- Tempo di commercializzazione (aumento dei profitti, aumento della quota di mercato)

- Tempo di fatturazione (aumento delle entrate, aumento della quota di mercato)

- Problemi normativi (conformità come Sarbanes-Oxley o HIP AA)

Da ciascuno di questi *business issues* derivano molti problemi, cioè difficoltà che impediscono ai potenziali clienti di essere in grado di affrontare in modo soddisfacente o risolvere i loro *business issues*.

Esempi di problemi includono:

- Passaggi aggiuntivi o non necessari (tempo di commercializzazione, gestione dei costi)

- Mancanza di abilità o formazione in nuove aree (sfide competitive)

- Difficoltà nel mantenere personale o risorse (tempo di fatturazione)

- Cambiamenti nei requisiti di supporto tecnico o normativo (tempo di commercializzazione)

- Errori comuni nei processi manuali (gestione dei costi)

- Processi ridondanti (gestione dei costi)

- Mancata comprensione dei contributori dei costi variabili (gestione dei costi)

- Approvazione di sconti da parte dei manager (tempo di fatturazione)

- Costi unitari del lavoro troppo elevati (gestione dei costi)

La chiave per la vendita di soluzioni o consultiva è guidata dalla diagnosi della causa radice. In ValueSelling è fondamentale diventare il diagnosta dei problemi e delle questioni prima di prescrivere la soluzione. Pensa all'ultima volta che sei andato dal medico. Magari ti sei lamentato per un mal di testa o qualche altro disturbo. Il dottore non inizia scrivendoti una prescrizione, ma ponendo alcune domande di base: è cambiato qualcosa nel tuo ambiente? Che mi dici della tua dieta? - cercherà di arrivare alla causa principale dei sintomi prima di offrire una soluzione. I professionisti delle vendite di ValueSelling seguono questo stesso processo.

Quindi, come puoi scoprire i *business issues* del tuo potenziale cliente? Chiedendo. Uno degli aspetti più potenti e ripetibili di ValueSelling è il processo di interrogazione.

Le aziende di Ken Blanchard sono leader globali nella fornitura di *leadership* di buon senso e sostenibile, di formazione di *team* e organizzativa e di soluzioni di sviluppo. Nel 2003 la società stava cercando di aumentare i propri ricavi (problema commerciale). Mentre era intuitivamente chiara ai venditori più abili la necessità di proporre la loro offerta in base al valore, la maggior parte del *team* di vendita incontrava difficoltà nel dimostrare tale valore ai potenziali clienti (problema). Decisero quindi di condurre un progetto pilota del ValueSelling Framework (soluzione) con un gruppo selezionato di responsabili delle vendite. Sarah Caverhill, Direttore Regionale della East Coast, ha assistito nel dirigere la prova. Il progetto pilota ha convalidato la sua convinzione, secondo la quale "se non riesci ad arrivare ad una conversazione di *business* strutturata, non concluderai la vendita".

*"La conversazione di lavoro dovrebbe essere il tuo
punto di partenza. Praticamente chiunque può
chiedere riguardo lo stato finanziario di un'azienda,
ma pochi sanno come porre la domanda successiva,
oppure credono che fare domande implichi una
mancanza di conoscenza", spiega Sarah. "In realtà,
il processo di interrogazione è una via efficace per
classificare ciò che conosci e capire cosa non sai, ma
dovresti sapere. L'implementazione del processo
open/probe/confirm ti costringe ad approfondire
le cause principali del problema commerciale del
potenziale cliente. La collaborazione con il cliente
diventa molto più efficace e la relazione più stretta".*

Secondo Stephen Covey, autore di The *Seven Habits of Highly
Effective People* (Le Sette Abitudini delle Persone Altamente
Efficaci), un paradigma è definito come un quadro unico attraverso il
quale un individuo vede il mondo. Si forma attraverso l'educazione,
l'esperienza, il sistema di credenze e il sistema di valori di una
persona. In termini di ValueSelling Framework, un punto importante
da ricordare è che un VisionMatch Differenziato deve includere il
paradigma del potenziale cliente.

Attraverso il processo di creazione di un VisionMatch Differenziato
stai permettendo al potenziale cliente di vedere come sarà il suo
mondo dopo aver acquistato i tuoi prodotti o servizi.

In qualità di addetto alle vendite, è tua responsabilità guidare il
potenziale cliente attraverso *probing questions* che incorporano
una formulazione specifica della soluzione. Usiamo ValueSelling
come esempio. Invece di aprire la conversazione di lavoro con: "Uno
degli aspetti più preziosi di ValueSelling è che ti aiuta a differenziare
e vendere il valore della tua soluzione", inizia dalle domande.
L'approccio corretto è quello di far emergere i problemi che sai di
poter affrontare:

"Parlami dello stato attuale delle vendite e di come vanno le cose a te e al tuo *team*. Hai clienti che incontrano difficoltà nel comprendere il valore delle tue soluzioni?"

"Devi abbassare il costo le tue soluzioni per ottenere nuovi clienti?"

"Hai difficoltà nel raggiungere chi ha potere decisionale?"

"I responsabili delle vendite riescono di solito a prevedere i risultati di *business* in modo accurato?"

Formulando domande che rivelano correttamente i problemi che sappiamo di poter risolvere in modo univoco, iniziamo a creare un "gancio" su cui basare la nostra soluzione e creiamo maggiori opportunità di differenziazione nella mente del cliente.

Differenziati o Semplicemente Diversi?

La **differenziazione** è ciò che ti distingue dalla concorrenza. Rende il tuo prodotto o servizio qualificato in modo solido e univoco per affrontare questioni e *business issues* in un modo che il potenziale cliente potrebbe non aver considerato, sperimentato o addirittura ritenuto possibile in precedenza. La differenziazione ti permette di essere considerato come unico fornitore di soluzioni ai problemi presi in esame.

Il primo passo in questo processo è capire ciò che rende unici i tuoi prodotti, servizi e soluzioni. Per comprenderlo in modo efficace devi diventare un esperto non solo dei tuoi prodotti e servizi, ma anche delle soluzioni della concorrenza. La nostra concorrenza, spesso, non è rappresentata solo da un altro fornitore di soluzioni con prodotti e servizi simili, ma potrebbe anche essere rappresentata da una soluzione interna o uno *status quo*.

Una mia cliente è un dirigente delle vendite *senior* per il principale fornitore di aviazione privata negli Stati Uniti. È responsabile della vendita dei propri servizi di aviazione privata a persone e società con un elevato patrimonio netto nel Sud del mondo. È interessante notare che la società per cui lavora non solo è il principale fornitore di questi servizi, ma è anche la società che ha un prezzo di listino o una tariffa oraria significativamente più alta di tutte le altre alternative di aviazione privata.

Le ho chiesto quindi perché la gente preferiva pagare di più per la sua azienda piuttosto che rivolgersi ad alternative meno competitive. La sua risposta è stata molto interessante.

I potenziali clienti la contattano spesso, fondamentalmente per informazioni sul prezzo. La conversazione inizia così:

> "Sono interessato a volare privatamente - quali sono le vostre tariffe e quali tipi di aerei avete a disposizione?"

A questo punto, la mia amica ha due scelte di fronte a sé. La prima: rispondere alla domanda. La seconda: provare a ottenere un po' più di informazioni dal cliente – questa è l'alternativa che sceglie. Fino a quando non è in grado di ricreare un contesto per proporre la sua "soluzione" relativa alle esigenze del cliente, la sua compagnia sarà sempre etichettata come la più costosa. Inizia quindi a fare domande:

> "Dove voli? E quanto spesso?"

> "Chi vola con te di solito?"

> "A volte cambi destinazione e compagnia?"

> "Potresti mai aver bisogno di prendere accordi con un preavviso molto breve?"

Spesso una di queste domande sposterà la discussione verso un'area che è di fondamentale importanza per il cliente.

Mentre mi raccontava questa storia, mi è venuto in mente che i venditori hanno probabilmente pronto un arsenale di domande, ma lei si concentra abilmente sull'unico problema che meglio si adatta alla situazione del potenziale cliente, fornendo l'unico prodotto in grado di risolvere quel problema.

La differenziazione è il processo che ti distingue dalla concorrenza nella mente del tuo potenziale cliente. Potresti differenziarti in venti categorie, ma se il tuo potenziale cliente si preoccupa solo di una di queste categorie, allora hai un solo "differenziatore" che conta a tua disposizione. La mancata differenziazione dalla concorrenza risulterà probabilmente in un aumento di obiezioni e in una negoziazione dei prezzi più intensa.

Un **VisionMatch Differenziato** è una conferma reciproca tra te e il potenziale cliente della capacità della tua soluzione di risolvere i *business issues* meglio di ogni altra alternativa. Per creare un VisionMatch Differenziato devi scoprire i *business issues* che sei qualificato in modo univoco per affrontare (e ai quali potrebbero non aver pensato) e posizionarti come solo e unico partner risolutivo.

ValuePrompter

La differenziazione è l'arte di creare il bisogno per gli elementi unici della tua soluzione attraverso *probing questions* specifiche.

Per iniziare il processo, determina quali elementi della tua soluzione sono unici o migliori rispetto alle alternative. Esistono cinque aree principali su cui è possibile differenziarsi:

- Capacità

- Termini e condizioni

- Convenienza

- Mitigazione del rischio

- Prezzo

"Capacità" si riferisce ai prodotti che rappresenti - le loro caratteristiche, funzioni e risultati - insieme a tutti gli accessori e/o servizi correlati. In generale, è qui che entra in gioco il più ampio grado di Differenziazione ed è, ovviamente, qui che anche la maggior parte delle aziende concentra i propri sforzi nella formazione sui prodotti.

Se i tuoi prodotti e servizi sono in qualche modo mercificati, ovvero esiste una differenza trascurabile tra i tuoi prodotti e quelli dei tuoi concorrenti, la differenziazione su "termini e condizioni" potrebbe essere giustificata. Gli esempi includono offrire condizioni di pagamento più favorevoli o garanzie più lunghe rispetto alla concorrenza, o forse includere una garanzia di rimborso totale inesistente presso la concorrenza.

"Convenienza" si riferisce a come i tuoi prodotti o servizi vengono forniti o se le tue soluzioni sono facili da implementare. Ad esempio, offrire un *training* gratuito insieme al tuo sistema di automazione - al contrario dell'offerta a pagamento del tuo concorrente - può essere un potente differenziatore. Inoltre, molte aziende si differenziano per il supporto dei propri clienti a livello locale.

La "mitigazione del rischio" si riferisce al rendere un acquisto meno rischioso per il potenziale cliente fornendo una prova della sua capacità di mantenere le promesse. I leader di settore si differenziano spesso in questo modo. Casi di successo o la forza finanziaria (per crescita e futuri miglioramenti del prodotto) possono essere manifestazioni di questo aspetto.

Anni fa c'era un modo di dire tra i professionisti della tecnologia dell'informazione: "Nessuno è mai stato licenziato per aver acquistato IBM". IBM potrebbe non aver sempre fornito la tecnologia di punta, ma i suoi clienti sapevano che l'azienda avrebbe continuato ad esistere fino all'implementazione completa, e oltre.

"Prezzo" è il fattore di differenziazione di riserva che molti di noi vogliono evitare. In fin dei conti, vuoi davvero essere conosciuto come il fornitore a basso costo? Un professionista delle vendite che lavora per un piccolo rivenditore di computer nel nord-ovest del Pacifico mi ha detto che una delle prime cose che dice a una nuovo potenziale cliente è: "C'è sempre qualcuno disposto a battere il mio prezzo". Questo stabilisce rapidamente che la sua azienda non è quel tipo di fornitore a basso costo e, così facendo, riesce a estirpare i clienti alla ricerca del prezzo.

Una volta che hai deciso dove ti vuoi differenziare, il passo successivo è determinare come articolare la tua unicità perché possa essere preferita da un potenziale cliente. In altre parole, indaga con lo scopo di scoprire quale *business issue* specifico hai bisogno di risolvere per proporre una soluzione pertinente e unica. Se non scopri le necessità dei potenziali clienti verso ciò che i tuoi prodotti fanno in modo unico, allora i tuoi prodotti saranno unici in un modo che non li motiverà necessariamente all'acquisto.

Tieni presente che i potenziali clienti più esperti cercheranno di ignorare la tua differenziazione nel tentativo di neutralizzare tale differenza e di spostare la conversazione sul prezzo, rendendo il tuo lavoro più impegnativo. La chiave è non solo conoscere i propri prodotti dentro e fuori, ma anche essere ben informati sulle offerte della concorrenza. Dopotutto, se non sai quali sono i punti di forza e di debolezza dei tuoi competitori, non saprai con chi stai gareggiando e non avrai alcuna base per identificare l'unicità dei tuoi prodotti.

Ecco i concetti che puoi applicare oggi per eliminare la concorrenza nella mente del potenziale cliente:

- Scopri il *Business Issue* - Comprendendo i *business issues* puoi scoprire i problemi che rendono l'obiettivo o l'acquisto potenzialmente difficile da raggiungere.

- Sviluppa i *Business Issues* - Analizzando tutti i problemi puoi scoprire le sfide che rendono difficile risolvere quel problema.

- Sviluppa la Visione del Potenziale Cliente Riguardo la Tua Soluzione - Identifica una soluzione che può essere applicata per superare i problemi del potenziale cliente e risolvere il *business issue*.

- Diventa la Guida Diagnostica - Scopri la causa principale della questione o del *business issue* del tuo potenziale cliente e diventerai presto un consulente affidabile.

- Conosci la Concorrenza - L'unico modo per differenziare con successo i tuoi prodotti e servizi è capire i punti di forza e di debolezza della concorrenza.

- Aree Chiave di Differenziazione - Capacità, termini e condizioni, convenienza, mitigazione del rischio e prezzo.

CAPITOLO 6:

Sviluppare Valore... Sia di Business che Personale

"Cos'è un cinico - un uomo che conosce il prezzo di tutto e il valore di nulla."

Oscar Wilde, Drammaturgo, Romanziere e Poeta (1854-1800)

Molti venditori credono di avere la responsabilità di comunicare ai loro potenziali clienti il valore esatto che i clienti realizzeranno scegliendo i loro prodotti o servizi. In ValueSelling, il nostro processo è fondamentalmente in disaccordo con tale premessa. Il valore è specifico per il cliente, quindi, mentre è importante individuare i probabili miglioramenti che apporteremo al *business* del potenziale cliente, in realtà non stiamo creando direttamente valore. In qualità di addetti alle vendite scopriremo ciò che ha "valore" per ogni singolo cliente o potenziale tale e collegheremo questo all'unicità delle nostre soluzioni.

Hai mai vinto una scommessa che non avresti mai pensato, nei tuoi sogni più selvaggi, di poter vincere?

J. B. Bush, un associato ValueSelling, è stato presidente di una società di *software* di database relazionali che si rivolgeva agli studi legali. Gli fu chiesto di partecipare a una gara d'appalto da parte del responsabile delle informazioni di una grande società di giurisprudenza di New York. La richiesta lo colse alla sprovvista poiché questo particolare CIO era stato il più grande riferimento per un concorrente chiave proprio l'anno prima e aveva acquistato una soluzione da un altro concorrente due anni prima. J.B. era riluttante a partecipare perché riteneva che questo CIO lo stesse semplicemente includendo come parte di una ricerca, ma avesse in realtà già scelto per uno degli altri concorrenti. Sebbene non credesse che la sua compagnia si sarebbe effettivamente aggiudicata l'offerta,

J.B. fu alla fine convinto a partecipare alla gara di appalto. Con sua sorpresa, la sua azienda vinse la gara.

J.B. era perplesso sul motivo per cui la sua azienda era stata favorita rispetto ai concorrenti che il CIO aveva chiaramente scelto in passato. "L'installazione era andata bene, tutto procedeva senza intoppi, quindi un giorno ho chiesto a questo CIO perché avessimo vinto l'appalto al posto del nostro concorrente", spiega J.B. La semplice risposta che ricevette lo sorprese: "Bene, J.B., nel mio primo anno abbiamo usato Access. L'anno scorso ho scelto il tuo concorrente. Ora ho scelto te perché fa bella figura nel mio curriculum."

Era una lezione che J.B. non avrebbe mai dimenticato. Non avrebbe più trascurato di indagare il valore personale, perché può e sovente sovrasta il Valore di Business nella mente del compratore. Pensi che qualcuno dei tuoi potenziali clienti abbia mai preso una decisione del genere?

Per avere successo in qualsiasi situazione di vendita, è necessario comprendere - e connettersi con - ciò che è importante per la persona (o le persone) con cui si sta lavorando. Quanto più sei in grado di aiutare i tuoi potenziali clienti a collegare l'effetto della tua soluzione al loro *business* e/o obiettivi personali, maggiore è la probabilità che acquistino da te.

Il valore - percepito o reale, personale o aziendale - è l'unica cosa che separa i tuoi prodotti e servizi dai prodotti e servizi della concorrenza. È una combinazione di componenti tangibili e intangibili che rappresentano la percezione dei nostri potenziali clienti - non la nostra - dell'impatto che una soluzione avrà sul loro *business issue* e sulla loro situazione personale. In altre parole, la priorità è assegnata in base al valore per il *business* - o Valore di Business - e spesso, il valore per se stessi come persona - vale a dire, il valore personale.

Valore di Business

Il **Valore di Business** è specifico del cliente; cioè, due organizzazioni o individui possono fare lo stesso acquisto per motivi molto diversi - e spesso questo è proprio ciò che avviene. Ad esempio, un direttore delle vendite per un'azienda tecnologica stava cercando di vendere un sistema di inventario e di determinazione dei prezzi del valore di $ 100.000 al leader numero uno nel settore dei telefoni *wireless*. La situazione non stava portando alcun risultato fino a quando non capì come utilizzare il sistema per far risparmiare loro $ 1,7 milioni. Chiuse la vendita in due giorni.

Lo stesso direttore stava lavorando con un'altra azienda per vendere un sistema simile. Il responsabile degli acquisti di quella società non era interessato ai risparmi, ma a come il sistema avrebbe influenzato il dipartimento dei prezzi e se la formazione fosse inclusa o meno. Quando apprese che la formazione faceva parte del pacchetto e che l'integrazione del *software* sarebbe avvenuta praticamente senza soluzione di continuità, decise di acquistare.

Come illustrato in questo esempio, è necessario comprendere in che modo i potenziali clienti giustificheranno la decisione di acquisto da un punto di vista aziendale, ovvero la misura del valore per l'azienda. Le metriche specifiche del cliente - tangibili, intangibili o entrambe le cose - devono essere soddisfatte per ottenere l'approvazione o il finanziamento.

A seconda di ciò che vendi, il valore può essere misurato in valuta reale o in rendimento tangibile. Può anche essere misurato in beni immateriali, spesso indicati come benefici. Entrambi possono essere importanti. La cosa interessante del valore intangibile è che i risparmi che si traducono in questo tipo di valore in genere non possono essere misurati in una singola riga nel conto economico o nel bilancio.

La seguente tabella elenca alcuni esempi di potenziali metriche del Valore di Business:

Valuta Reale (tangibile)

Uscite	Costi
Dimensione dell'Ordine	Costo Unitario
Numero di Ordini	Spese Generali
Tempo	Qualità
Tempo di Inattività	Rifiuti
Straordinari	Tasso di Errore

Benefici (intangibili)

Abitudini di Lavoro	Clima di Lavoro
Assenteismo	Soddisfazione dei Dipendenti
Ritardo	Impegno
Servizio Clienti	Sviluppo
Fedeltà	# Promozioni
Tassi di Soddisfazione	Progetti di Successo

Di nuovo, questi sono solo esempi: è necessario comprendere le metriche specifiche del tuo potenziale cliente e il probabile impatto della soluzione. Mentre sviluppi i modelli di ROI e le proposte di valore, tieni presente il principio ValueSelling: *Le Persone Prendono Decisioni Emotive per Ragioni Logiche*. Il valore deve essere rilevante per gli affari del potenziale cliente, e ha bisogno di "sentirlo" per crederci. Inoltre, la tua soluzione deve connettersi ad una qualche forma di valore personale prima ancora che il potenziale cliente possa prendere questo aspetto in considerazione.

Valore Personale

Avete presente quegli spot della MasterCard® in cui il costo, ad esempio, dei biglietti per il balletto è una determinata cifra, la cena in un ristorante raffinato un'altra e "l'espressione sul suo viso: impagabile"? Il valore personale è proprio quella parte inestimabile.

Valore Personale si riferisce alla nozione di "What's In It For Me" (o WIIFM, "che ci guadagno io?"). Persino in un contesto aziendale, i programmi e motivazioni personali degli individui guideranno il loro comportamento. Tutti hanno i propri motivi. Come addetti alle vendite, vogliamo capire qual è la motivazione di ogni individuo e provare a connetterci ad essa. Ciò è particolarmente vero per le persone che sono spinte da obiettivi e premiate, riconosciute o compensate in base al modo in cui soddisfano tali obiettivi. Ad ogni modo, ogni dirigente ha qualcosa di personale da guadagnare dalla soluzione di un *business issue*. Esempi di questo valore personale potrebbero includere: una promozione, un bonus, un riconoscimento, una maggiore credibilità o essere percepito come il bravo ragazzo, un pioniere, quello che fa la cosa giusta o fa la differenza. O come nell'esempio precedente, la costruzione di un curriculum o l'apprendimento di una nuova abilità potrebbe fornire un valore sufficiente a chiunque per effettuare un acquisto.

Ecco un esempio reale di valore personale al lavoro: un produttore di apparecchiature mediche stava trattando con un ospedale periferico per vendere tecnologia chirurgica. Il venditore - lo chiameremo Bob - trattava con un buyer che aveva lavorato con l'ospedale per dieci anni. Bob aveva mostrato al capo dell'amministrazione dell'ospedale un certo numero di grafici di riduzione dei costi del ROI nella speranza di convincerla a comprare da lui.

L' *executive* aveva accettato le statistiche, ma era più interessata a sapere se l'apparecchiatura in questione rappresentasse o meno la tecnologia più recente. La sua motivazione era: "Il nostro ospedale ha una solida reputazione fondata sull'avere i medici meglio formati, le attrezzature più moderne e le strutture più all'avanguardia. Devo assicurarmi che i dottori abbiano gli strumenti tecnologicamente più avanzati a disposizione. La mia reputazione si basa su questo."

Se non sai quale sia la posta in gioco personale per il tuo potenziale cliente nella decisione di acquisto non avrai tutte le informazioni di cui hai bisogno per dimostrare il valore della tua soluzione e motivare il tuo potenziale cliente ad agire. Quando il valore personale è alto, il cliente lavorerà con te per creare e articolare il valore del *business*, ma se il valore personale è basso ci sono buone possibilità che non chiuderai mai la vendita. Ancora una volta, la sfida è aiutare i tuoi potenziali clienti a vedere il valore dal loro punto di vista, non dal tuo.

ValuePrompter

In fin dei conti, l'unica cosa che ha importanza è se il cliente pensa che ne valga la pena. Se non è di questa opinione, non comprerà.

Di seguito trovi esempi di valore personale:

- Monetario - Riceveranno un aumento o un bonus per aver risolto il *business issue*?

- Status - Saranno riconosciuti all'interno dell'organizzazione per i loro sforzi?

- Autopercezione - Il potenziale cliente è insicuro rispetto alla sua personale capacità di risolvere il *business issue*?

- Sicurezza - Il potenziale cliente rischia di perdere il posto di lavoro se la *business issue* non viene risolta?

- Altro - Il potenziale cliente ha commesso degli errori nel passato a cui deve rimediare per dimostrare il proprio valore all'organizzazione?

Si trova in concorrenza con un altro dipendente per trovare la soluzione migliore?

Nel Framework ValueSelling esistono due prerequisiti per aprire un dialogo di valore con un potenziale cliente:

La creazione di un VisionMatch Differenziato deve aver già permesso al potenziale cliente di immaginare la risoluzione dei problemi e quindi di applicare la tua proposta per risolvere una questione aziendale chiave. Se il VisionMatch Differenziato non è stato completamente sviluppato sarà impossibile articolare il valore commerciale, perché questo matura sulla base della risoluzione dei *business issues*. Solo dopo aver creato e confermato un VisionMatch Differenziato puoi iniziare a scoprire il valore di quel VisionMatch.

Devi aver sviluppato un alto grado di fiducia e di buon rapporto. I potenziali clienti, spesso, non si aprono a discussioni di valore - specialmente in relazione al valore personale - finché non hanno una solida base di fiducia con il venditore.

Ma come fai a sapere cosa ha valore per i tuoi potenziali clienti? Il punto è sempre lo stesso, CHIEDI.

Nei capitoli precedenti abbiamo descritto come utilizzare il Processo *Open-Probe-Confirm* per qualificare il potenziale cliente e gestire la conversazione. Lo stesso processo di interrogazione ti dà la forza di costruire un dialogo strutturato che consente al tuo potenziale cliente di visualizzare la connessione tra il prodotto e il valore commerciale che proponi E il tuo valore ai loro occhi nell'essere la persona giusta, in possesso della soluzione migliore sul mercato.

Fare domande mette spesso i venditori a disagio, perché hanno la sensazione di indagare nella vita personale di un potenziale cliente in modo inappropriato. C'è una sottile differenza, comunque, tra il cercare di comprendere cosa guida un individuo e il sondarne le insicurezze. È interessante notare che a più alto livello ti interfacci in un'organizzazione, maggiore è la probabilità che si verifichi l'allineamento tra problemi personali e *business issues*.

Spesso i compensi dei dirigenti e i criteri di bonus sono informazioni pubbliche. Ad esempio, se hai a che fare con i CEO (soprattutto in una società pubblica), ogni decisione che questi prendono è un riflesso delle loro prestazioni.

È imperativo comprendere le aspettative prima di poter raggiungere gli obiettivi. Ma prima di arrivare lì, devi aver stabilito la fiducia e il buon rapporto necessari per giungere ai problemi personali. E ricorda, la riservatezza è la chiave - devi essere affidabile e credibile - non usare mai le informazioni che ricevi riguardo il valore personale in un forum pubblico o per iscritto.

Fase 1 - Domande a Risposta Aperta

Scopri la percezione del potenziale cliente riguardo il valore personale e aziendale facendo domande aperte. Poiché il valore è specifico per ogni cliente, il nostro obiettivo è capire il loro punto di vista sulla nostra soluzione.

Che effetto avrebbe la risoluzione di questo *business issue* nella tua personale attività commerciale?

Fase 2 – Probing Questions

Utilizza le *probing questions* per individuare i valori specifici da mettere sul tavolo così da motivare ulteriormente i tuoi potenziali clienti ad agire. È possibile formulare domande riguardo il valore osservando i problemi originali del potenziale cliente e facendo quindi appello sia agli interessi personali che quelli aziendali. Se possiedi una solida conoscenza del tipico valore che le tue soluzioni portano ai potenziali clienti, puoi trasformare ciò che già sai in *probing questions*.

Quale sarebbe l'effetto del miglioramento della qualità dei materiali? Come sai che avrai successo nell'iniziativa? Ricorda che devi aver già stabilito un buon rapporto per ottenere una visione chiara del valore personale e una condivisione di prospettive.

Fase 3 - Domande di Conferma

Verifica che il valore che proponi sia abbastanza interessante da consentire ai potenziali clienti di fare affari con te utilizzando le domande di conferma. Cerca di utilizzare il linguaggio del potenziale cliente quando verifichi la correttezza delle informazioni che hai scoperto attraverso le domande a risposta aperta. Le domande di conferma non solo dimostrano le tue capacità di comprensione e ascolto; puoi anche utilizzare una domanda di conferma come un tipo di "prova chiusa". Una volta che il potenziale cliente ha articolato il valore che si aspetta di realizzare dalla soluzione, risolvendo il proprio *business issue*, è possibile confermare con una domanda simile a "se fossi convinto di poter ottenere quel risultato, il valore che ne deriverebbe sarebbe sufficiente per motivarti a procedere con questo acquisto? "

Valore Commerciale	Valore Personale
Domande Aperte Come quantificheresti l'impatto?	Come ti influenza?
Quale sarebbe l'impatto sull'attività commerciale?	Ha qualche influenza su di te personalmente?
Hai pensato a quanto sono importanti questi problemi?	Potrebbe avere un impatto su chiunque, personalmente?
Verifica Riusciresti a quantificare il problema n.1, 2, 3...	Avrebbe un impatto significativo sulla tua carriera?
Possiamo stimare quanto stai perdendo mentre non intervieni su...?	Ciò ti sta causando frustrazione, irritazione, eccetera?
Conferma Esistono altre iniziative con valore maggiore?	Esiste qualcosa di più importante per te?
Questo valore è sufficiente per portarti ad agire?	Dove si posiziona la questione nella lista delle tue priorità?

Il Valore di Business Deriva dalla Risoluzione dei *Business Issues*

Il valore è direttamente collegato alla risoluzione dei *business issues* dei potenziali clienti, non alla soluzione di singoli problemi. Il tuo obiettivo è quello di connetterti a ciò che il potenziale cliente valuta nell'impatto della tua soluzione. Qualunque aspetto tu non riesca a correlare tra valore e *business issue* significa che ti aspetti che i tuoi potenziali clienti facciano questo collegamento da soli. È proprio per questo motivo che il *business issue* diventa una componente fondamentale nella realizzazione di un VisionMatch Differenziato. il Valore di Business deriva dalla risoluzione dei *business issues*. In altre parole, qualsiasi prodotto o servizio è privo di valore finché non viene applicato a un *business issue*. Non esiste alcun valore commerciale nella risoluzione di problemi diversi dai *business issues*.

Il collegamento tra *business* e valore personale dal punto di vista del potenziale cliente può essere l'ingrediente mancante in un ciclo di vendita di successo; più sei abile nell'aiutare i tuoi potenziali clienti a collegare il valore della tua soluzione al loro business e obiettivi personali, più forti sono la spinta e la motivazione ad agire.

D'altra parte, se tu e il tuo potenziale cliente avete difficoltà ad articolare il valore commerciale della tua offerta, ci sono ottime probabilità che non vi stiate focalizzando su un *business issue*. Inoltre, se non sei in grado di connetterti al valore personale del potenziale cliente rischi di perdere ogni chance di vendita. Se riesci a focalizzarti sul valore personale senza Valore di Business hai buone possibilità di concludere la vendita, ma raramente ci riuscirai senza una certa dose di valore personale dalla tua parte.

Ecco i concetti che puoi immediatamente applicare per sviluppare valore nei confronti del tuo potenziale cliente:

- Il Valore Non Può Essere Creato - È possibile scoprire ciò che ha "valore" per il potenziale cliente e connettersi a questi aspetti con l'unicità della propria soluzione.

- Non Sottovalutare Mai il Valore Personale - Ciò che è fatto per il cliente all'interno della tua soluzione è un motivatore che guiderà il comportamento del potenziale cliente.

- Prima di Parlare di Valore - 1) È necessario creare un VisionMatch Differenziato che consenta al potenziale cliente di immaginare la risoluzione dei problemi e di un *business issue* chiave tramite la tua soluzione e 2) È necessario stabilire un elevato grado di fiducia e buon rapporto.

- Scopri Ciò Che Ha Valore - Usa il Processo *Open-Probe-Confirm* per comprendere le aspettative del potenziale cliente.

CAPITOLO 7:

Identificare il Potere

"La motivazione è l'arte di convincere le persone a fare ciò che tu vuoi che facciano perché sono loro a volerlo fare."
Dwight D. Eisenhower, 34° Presidente degli Stati Uniti (1890-1969)

"Possono comprare?" è una componente critica per qualificare un potenziale cliente: in altre parole, confermare che tutto il lavoro che state facendo per creare un VisionMatch Differenziato e connettervi al valore che deriva dal risolvere i *business issues* avvenga insieme all'individuo che ha l'autorità - o il potere - di agire. Dopo tutto, come professionisti delle vendite, stiamo implementando ValueSelling per mitigare il rischio di sprecare tempo ed energie con quei potenziali clienti che non compreranno mai da noi. Nel mondo aziendale ci sono molte più persone che possono dire di no, piuttosto che sì. Il nostro obiettivo è accettare il "no" solo se viene dalla stessa persona che avrebbe potuto dire "sì".

Il concetto di vendere al *potere* è semplice, ma l'esperienza insegna che questo viene spesso trascurato o dato per scontato da molti professionisti delle vendite. Abbiamo appreso che molti venditori si ingannano credendo che qualcuno di diverso dalla persona con il *potere* possa interagire a sufficienza in loro vece, internamente. A volte hanno ragione; ma spesso no.

ValuePrompter

I venditori rimangono spesso sorpresi alla fine di un ciclo di vendita nell'apprendere che la persona con cui hanno lavorato e che ha detto loro di avere il potere di decidere e agire, in realtà non lo ha.

Ti è mai successo?

Hai stabilito un alto livello di fiducia e un rapporto con il tuo potenziale cliente. Hai identificato un *business issue* critico e urgente e diversi problemi che sai di poter affrontare meglio di chiunque altro. Non hai solo hai un VisionMatch condiviso con il cliente, ma il tuo è un VisionMatch Differenziato.

Hai persino fatto un passo in più: il tuo potenziale cliente ha espresso il valore effettivo - sia aziendale che personale - del risolvere il problema che hai connesso con la tua soluzione.
Hai comunicato con sicurezza l'affare al tuo responsabile delle vendite, magari anche sognato ad occhi aperti su ciò su cui spenderai la commissione. Sei pronto per chiudere, quando il potenziale cliente pronuncia le parole che più temi:

"Devo confermare il tutto con il mio capo."

Ti fa venire i brividi... pensavi che il tuo lavoro fosse finito e che avessi avuto conferma dall'individuo che poteva effettivamente eseguire l'acquisto. Ma ti sbagliavi. Non ti stavi confrontando con la persona con il *potere*, per l'ennesima volta. Sfortunatamente, ore di tempo e centinaia (o persino migliaia) di dollari vengono spesso sprecati nel tentativo di vendere a qualcuno che non è in grado di acquistare, ma è disposto a collaborare con te.

Succede ai migliori, e in effetti è il problema numero uno con cui tutti i dirigenti commerciali si cimentano: come faccio a scoprire chi ha davvero il potere d'acquisto? Come posso raggiungere senza ombra di dubbio la persona che ha realmente il potere? E quando ci riesco, come mi rimetto in gioco?

Marty Rowland di Foliage Software Systems illustra esattamente il motivo per cui è necessario confrontarsi direttamente con il decisore ultimo:

> *"Mentre lavoravo alla Pyxis Corporation cercavo in ogni modo di chiudere un affare di Automazione della Farmacia con un noto centro medico di Boston, ma sfortunatamente per me il Centro aveva assunto una società di consulenza che non supportava l'attrezzatura che avevo offerto perché era allineata con uno dei miei concorrenti. Era prevista una richiesta di offerta entro un mese.*

> *"Ottenendo accesso al potere nella fase iniziale del processo e lavorando duramente per esaminare a fondo i loro business issues, sono stato in grado di dare un'occhiata alla richiesta di offerta prima che venisse rilasciata ufficialmente. Era stata creata appositamente per favorire uno dei miei concorrenti, e metteva i miei prodotti e soluzioni molto chiaramente in secondo piano. Ma dato che avevo accesso al potere e avevo avuto tempo per capire i business issues che li riguardavano molto meglio rispetto a molte delle persone che lavoravano effettivamente nel centro medico, ero in grado di instillare una quantità significativa di dubbi nella mente della persona potente riguardo l'efficacia della soluzione che stavano considerando.*

"Creando ansia e dubbi nella mente del decisore
ultimo sono stato in grado di ottenere la formulazione
della richiesta di finanziamento da parte del cliente
in modo da prendere in considerazione tutti i loro
problemi. Alla fine ho ottenuto un ordine da milioni
di dollari da parte del centro medico e ancora oggi
l'azienda rimane un cliente soddisfatto di Pyxis."

Nel corso degli anni abbiamo lavorato con i nostri clienti per scoprire cosa succede quando i venditori non riescono a concludere affari o non rispettano le previsioni. Il *potere* è spesso l'ingrediente mancante.

Ci sono momenti in cui sarai fortunato e un campione interno si rivolge al *potere* in tua vece; tuttavia il nostro obiettivo come professionisti delle vendite è di essere deliberati, coerenti e prevedibili, non fortunati. Se il tuo obiettivo è migliorare la tua percentuale di vittorie e minimizzare il rischio di perdere la competizione o lo *status quo* dovrai puntare a lavorare direttamente con l'ultimo decisore in ogni situazione di vendita.

Per vendere al *potere*, devi prima accedere alla persona giusta.

Ci sono molte ragioni per cui i venditori hanno difficoltà a raggiungere chi ha il *potere*. Nella mia esperienza, i motivi più comuni includono:

- Paura di essere troppo invasivi e incapaci di condurre una conversazione a valore aggiunto con un dirigente;

- Paura di compromettere la relazione con il primo contatto, aggirandolo;

- Il presupposto che stiamo sprecando il tempo del dirigente.

È interessante notare come molti di noi lavoreranno più duramente per evitare di commettere un errore o sembrare stupidi, e questo tipo di sforzo potrebbe ritorcersi contro di noi nel tentativo di avvicinarsi ai dirigenti. Contrariamente a quanto pensano molti venditori, trovo che più si frequenta un'organizzazione, più facile è la conversazione. Con i manager funzionali, le conversazioni tendono ad essere molto tecniche o tattiche: si può finire per discutere di una singola capacità, caratteristica tecnica o obiettivo a lungo e in dettaglio. Con un amministratore delegato, di solito si discutono questioni di *business* (produttività, risultati fiscali per l'azienda) e valore.

Ci sono un certo numero di trappole in cui puoi cadere quando cerchi di determinare chi ha il *potere* e come raggiungerlo: i titoli possono essere fuorvianti. Ad esempio, un amministratore di Microsoft potrebbe avere più responsabilità di un vicepresidente della banca. Devi osservare da vicino i ruoli, le responsabilità e l'ampiezza del controllo.

Potere non significa necessariamente il titolo più "esecutivo". Ad esempio, ValueSelling Associates è nel *business* della formazione alla vendita. Il *potere* per la maggior parte dei nostri potenziali clienti è rappresentato dal Vicepresidente delle Vendite; tuttavia, in alcuni casi, è il responsabile delle operazioni di vendita che determina quale formazione commerciale impiegare. L'unico modo per capire la differenza è fare i compiti a casa e porre le domande giuste.

Il *potere* può essere elusivo. Il potere politico può determinare l'identità del decisore finale. Ad esempio, un vicepresidente di R&D e un vicepresidente del marketing potrebbero lottare per ottenere fondi dallo stesso *budget*. È necessario determinare chi dei due ha la maggiore influenza e potere per conquistarsi i fondi. Oppure gioca a carte coperte e crea un Vision Match con entrambi, collegandolo al loro valore personale.

Le aziende oggi tendono ad essere più avverse al rischio rispetto al passato. Questo può manifestarsi in chi possiede l'autorità decisionale, così come nei controlli ed equilibri aggiuntivi all'interno delle organizzazioni. La ricerca e l'esperienza ci dicono che sempre più persone ai livelli più alti dell'organizzazione sono coinvolte nel processo di acquisto. Nelle vendite *business-to-business* sono spesso coinvolte, anche negli acquisti più piccoli, da tre a quattro persone che assumono una varietà di ruoli:

I *gatekeeper* hanno potere di veto e possono fermare i venditori, tenendoli lontano dai responsabili delle decisioni. Alcuni, come l'assistente amministrativo che controlla le telefonate, non sono acquirenti. Se fanno parte della squadra acquirente, sono gli acquirenti di livello più basso. Allo stesso tempo, sono importanti in quanto possono contenere la chiave d'accesso.

Gli *Specialisti Economici* sono responsabili dell'ottenere il massimo dall'investimento di un'organizzazione. Possono occuparsi degli appalti negoziali e effettivi, ma raramente usano il prodotto che stanno acquistando o si preoccupano del suo vero valore per l'organizzazione; l'obiettivo dello specialista economico è limitare la differenziazione al solo prezzo. Esempi di titoli tipici degli specialisti economici sono: Buyer, Agente di Acquisto e Specialista Contrattuale.

Gli *Influenzatori* sono le persone aggiuntive del team di acquisto che danno consigli ma non hanno potere decisionale finale. Gli Influenzatori possono avere il potere di dire di no, ma non l'autorità di dire di sì.

La *Persona con il Potere* è l'ultimo decisore. È l'individuo che ha la maggiore influenza sulla squadra d'acquisto nella decisione finale e ha l'autorità di dire di sì. È anche la persona che di solito ha il massimo da vincere o perdere nell'adozione della soluzione.

Uno *Sponsor* è qualcuno a cui è stato assegnato il compito di eseguire la valutazione o la preparazione del terreno e infine farà una raccomandazione a chi ha il *potere*.

Un *Allenatore* può essere qualcuno al di fuori del processo o all'interno della cerchia ristretta. Potrebbe collocarsi al di fuori dell'organizzazione, ma essere in grado di fornirti una prospettiva e un *feedback* su come stai procedendo.

È spesso necessario lavorare con i vari membri del *team* di acquisto durante il ciclo di vendita; sicuramente farlo ti aiuta a creare *sponsor*, credibilità e fiducia. Per guadagnare in modo efficace l'interesse del *team* è necessario utilizzare l'aspetto più potente del processo ValueSelling: sviluppare un VisionMatch con ciascun membro del team in modo che sia possibile creare una connessione e confermare le prospettive di ogni individuo. Cerca di capire il punto di vista sulle questioni, problemi, soluzioni e Valore di Business di ognuno. Ma senza aver fatto questo sforzo con la persona che ha effettivamente il *potere*, non sei ancora in grado di fare un passo avanti, prevedere le entrate e chiudere l'accordo.

ValuePrompter

Non è sufficiente avere un *executive sponsor* all'interno dell'organizzazione del potenziale cliente. Per garantirti il successo è necessario creare un VisionMatch Differenziato e una forte connessione al valore, personale e aziendale, con la persona che prenderà la decisione finale di acquisto.

Identificare il *Potere*

In qualità di addetti alle vendite di solito puntiamo, nei massimi livelli di un'organizzazione, a quelli che capiamo avere in mano il *potere* di cui abbiamo bisogno per avere successo. Detto questo, iniziamo la vendita ovunque possiamo per poi cercare di raggiungere quel decisore definitivo.

Una volta varcata la soglia, la **"triangolazione"** è un potente strumento per determinare chi ha il *potere*. La triangolazione è un metodo con cui un venditore si affida a più fonti per verificare la verità. In pratica stai facendo le stesse domande a più persone per assicurarti che la tua prospettiva sia coerente e mirata.
Puoi usare la triangolazione per verificare chi detiene il *potere* in un'organizzazione facendo domande sui contatti che hai a vari livelli dell'organizzazione. È probabile che le risposte che ricevi varieranno; dopotutto i diversi attori di un'organizzazione hanno punti di vista diversi su chi sono i decisori. Chiedendo a più fonti è più probabile scoprire la vera identità della persona Potente. Indovinate un po': useremo lo stesso processo di interrogazione con domande aperte, di verifica e conferma per ottenere una comprensione approfondita del *potere* e del processo di acquisto o di approvvigionamento del nostro potenziale cliente.

Domande per scoprire l'identità della persona con il Potere:

"Chi altri oltre a te è coinvolto in questa decisione?"

"Come sono state prese decisioni/acquisti di questa portata in passato?"

"Chi altri è influenzato da questa decisione?"

"Hai mai chiesto approvazione per un acquisto di questa portata prima d'ora?"

"Cosa o chi potrebbe fermare il tuo acquisto?"

"Una volta presa questa decisione, chi deve firmare i documenti?"

"C'è qualcuno che potrebbe porre un veto alla tua decisione?"

"Chi ha il *budget* per finanziare questa soluzione?"

"Se dovessi ottenere più fondi, a chi ti rivolgeresti?"

Fai attenzione a non fare domande che potrebbero minacciare la fiducia e il rapporto che hai sviluppato con gli altri membri del *team* di acquisto. Potrebbero non avere l'autorità di dire di sì, ma potrebbero essere in grado di dire di no - e potrebbero farlo se la loro fiducia in te diminuisce.

Accedere al Potere

Dopo aver identificato la persona con il *potere*, potresti scoprire che non è sempre facile avere accesso a quella persona. Esistono diverse strategie: Stabilire il Modus Operandi, Negoziare l'Accesso e Fare Campagna.

Il **Modus Operandi** è un metodo per arrivare al *potere* fin dall'inizio del ciclo di vendita. La premessa è che si dettano al cliente le condizioni in base alle quali si svilupperà il processo di vendita. Una delle condizioni - l'accesso ai dirigenti o alle parti interessate nell'organizzazione del potenziale cliente - è la vostra "modalità operativa *standard*".

Senza tale accesso, non vi è alcun motivo per continuare a perseguire l'opportunità. È una tattica che è stata spesso utilizzata con successo da società di consulenza aziendale. Durante il primissimo incontro con un potenziale cliente di medio livello si stabilisce l'aspettativa che è necessario incontrare il CFO, il GM, l'amministratore delegato o altri *top manager* o *stakeholder* che sono maggiormente influenzati dal successo del progetto o coinvolti nel processo decisionale.

Come potrebbe suonare:

> *"La nostra modalità di coinvolgimento standard*
> *include un'intervista con tutti gli stakeholder del*
> *progetto all'inizio del processo."*

Ci sono due avvertimenti nell'uso di questa tecnica che devi tenere a mente.

Devi applicare questa tattica in anticipo e costruire subito l'aspettativa. (Dopo tutto, se sei nel mezzo del ciclo di vendita probabilmente non sarai in grado di tornare indietro per precisare: "Oh, a proposito, ho dimenticato di dirti che dobbiamo parlare con i tuoi dirigenti prima di continuare la discussione.")

È necessario essere fermi a proposito di tale requisito; in altre parole, sii pronto ad andartene se l›accesso che chiedi non ti viene garantito. Se segui questo approccio e il tuo potenziale cliente non accetta di concederti l›accesso, puoi lasciare perdere l›opportunità o tentare di contrattare per ottenere l›accesso.

La **Negoziazione dell'Accesso** è un'altra applicazione del Principio ValueSelling: *L'uso corretto del Potere è la chiave.* In altre parole, anche tu hai *potere* come professionista delle vendite. La contrattazione per l'accesso comporta l'identificazione di qualsiasi valore che il potenziale cliente di medio livello richiede durante l'impegno di vendita e il baratto per l'accesso all' *executive* in cambio. Ad esempio, se il tuo potenziale cliente di medio livello richiede una dimostrazione approfondita o analisi del ROI o qualsiasi altra cosa che potrebbe costare alla tua azienda tempo, denaro o risorse significativi da impiegare, chiedi in cambio del tempo con la persona che ha il Potere.

Come potrebbe suonare:

> *"Se fornirò una dimostrazione completa di tutte le sfaccettature di questo sistema insieme a un'analisi del ROI, organizzerai un incontro con il tuo CIO?"*

Ecco alcuni esempi dei *chip* di contrattazione che hai il potere di controllare:

- Informazione

- Competenza

- Contatti di riferimento e/o visite

- Accesso a dirigenti di alto livello presso la tua azienda

- Attrezzature, software o servizi in prestito

- Demo, prove o prodotti valorizzati

Recentemente sono stata contattata per tenere un discorso ad un incontro nazionale di vendita da un *meeting planner* dell'evento. Il contatto aveva recentemente cambiato lavoro, aveva fatto esperienza con un cliente di ValueSelling e aveva familiarità con il processo; questo la spinse a contattarmi. Si scoprì che, alla fine, il *meeting* si sarebbe svolto a San Diego - un vantaggio per me, dato che è lì che vivo. Quello che mi stava chiedendo era una presentazione concisa di un'ora, piuttosto che un impegno formativo completo. Parlando con lei sono riuscita a creare rapidamente un VisionMatch tra il mio approccio e la loro organizzazione di vendita.

Ero elettrizzata dall'opportunità di parlare al *meeting* di vendita, tuttavia ero preoccupata del fatto che, senza ulteriori chiarimenti da parte dei dirigenti della sua azienda, correvo il rischio di non essere all'altezza delle loro aspettative. Ho cercato di contrattare per l'accesso al COO dell'azienda, scambiando materiali di presentazione di esempio in cambio dell'opportunità di condividerli contemporaneamente con il COO e il *meeting planner*. Lei accettò e organizzò l'incontro.

Durante il *meeting* che ne è seguito ho appreso il punto di vista del COO su questioni, problemi e soluzioni di cui aveva bisogno per la sua organizzazione commerciale.

Sono stata in grado di rielaborare un VisionMatch per un seminario di formazione di un giorno piuttosto che un impegno orale di un'ora. Inoltre, la *meeting planner* si è sentita un'eroina per aver architettato l'incontro con una risorsa preziosa per il team di vendita e *marketing*.

Ci sono momenti in cui non si ha accesso a un'organizzazione. Il *modus operandi* e la contrattazione non funzioneranno. In questi casi, è necessario creare un piano per **Fare Campagna per l'Accesso** all'interno dell'azienda.

Fare Campagna è ciò che molti di noi conoscono come la vera "chiamata a freddo".

Scrivere, chiamare e inviare messaggi, sia vocali che e-mail, per raggiungere qualcuno che non hai mai incontrato e che forse non hai neanche mai sentito nominare per organizzare un primo incontro.

Una tattica per aiutare nella campagna per una riunione o una chiamata di vendita è quella di trasformare la chiamata a freddo in una chiamata a caldo. C'è qualcuno che conosci, con cui lavori oggi o con cui hai lavorato in passato che può farti conoscere il tuo acquirente o il tuo target di riferimento? Nel mondo di oggi, dove le persone sono assediate dai venditori, se riesci a ottenere un'introduzione hai una probabilità significativamente più alta di conquistarti quell'incontro iniziale.

A volte perdere una vendita può darti l'opportunità di chiedere referenze. Samantha Barrett-Wallis, di HRG North America - Gestione Eventi e Riunioni a Toronto, è stata in grado di trasformare la sua perdita in una vittoria: "Dopo che una mia proposta è stata respinta da un contatto che conosco da alcuni anni, le ho chiesto di mantenere una sua precedente promessa di indirizzarmi alle sue controparti presso studi legali concorrenti.

Per senso di colpa o per bontà d'animo, mi ha fornito contatti di *marketing* in ogni azienda - nomi, numeri di telefono e indirizzi - e mi ha dato il permesso di usare il suo nome come riferimento." L'ho usato e ha funzionato - un certo numero di quegli individui sono ora miei clienti.

Assicurarsi l'Accesso Continuo al Potere

Una volta identificato chi ha il *potere* e ottenuto l'accesso alla stanza dell'*executive*, potresti trovarti rinviato nelle viscere dell'organizzazione per vari motivi - forse per esaminare il potenziale ROI, per creare un VisionMatch Differenziato o per elaborare un Piano dettagliato. Quando ciò accade, è una buona idea negoziare un biglietto di ritorno per l'accesso a quella persona con il *potere*.

Esistono due diversi approcci che puoi adottare: Accesso Pianificato e Accesso Condizionato.

L'**accesso pianificato** implica la richiesta di una riunione programmata per assicurarti l'accesso continuo alla persona responsabile mentre il processo di vendita avanza. Potresti anche considerare di pianificare riunioni sull'avanzamento o aggiornamenti a intervalli regolari. Assicurati di evitare domande chiuse che suscitano una risposta chiusa; ciò offre al tuo potenziale cliente di medio livello l'opportunità di dire no.

Come potrebbe suonare:

> *"Dopo esserci incontrati con il vostro team e aver consolidato i risultati, mi piacerebbe tornare e condividere i risultati relativi al business issue di cui abbiamo discusso oggi. Qual è il processo per pianificare la riunione di follow-up?"*

Se non sei in grado di ottenere un impegno per l'accesso pianificato, l'**accesso condizionato** potrebbe essere una strategia alternativa. In questo caso si tenta di porre alcune condizioni relative alle circostanze in cui è possibile tornare. Ad esempio, potresti chiedere l'accesso di ritorno alla persona responsabile nel caso in cui un problema imprevisto richieda una decisione rapida.

Ogni volta che riesci a negoziare in anticipo l'accesso avrai maggiori possibilità di sederti al tavolo dell'*executive*.

Come potrebbe suonare:

> *"Se all'interno del team c'è un conflitto sulle priorità da seguire posso contattarti direttamente per avere una tua idea su come mantenere questa iniziativa in cima alla lista?"*

Applicare ValueSelling con successo sta tutto nel mitigare il rischio come professionista delle vendite. Tale rischio può tradursi in tempo perso, cicli di vendita che si concludono senza decisioni o altre attività non produttive. Assicurarsi di capire la prospettiva della persona con il *potere* è fondamentale per mitigare il tuo rischio. In qualità di addetti alle vendite, dobbiamo oggettivamente capire come i nostri potenziali clienti prenderanno decisioni e faranno leva all'interno del nostro ciclo di vendita. La chiave è non illuderti di pensare di lavorare con la persona che ha il *potere* e dare per scontato la chiusura di una vendita quando non ne sei convinto.

Sarah Caverhill, di The Ken Blanchard Companies, incoraggia il suo *team* di vendita a scoprire cosa i loro potenziali clienti non sanno e a usare questo aspetto come leva.

"Uno dei miei responsabili vendite aveva cercato di vendere di più a un cliente storico. Sapeva di doversi creare un accesso a livelli più alti nella società per raggiungere il suo obiettivo e ha iniziato creando un VisionMatch per ciascuno dei suoi contatti. In questo modo ha appreso che gli impiegati non conoscevano le risposte ai fattori critici di *business* o cosa si aspettavano dall'investimento. Fortunatamente, le persone con cui ha lavorato hanno capito il valore del rispondere alle domande e hanno accettato di organizzare incontri con i superiori. La mia rappresentante è stata in grado di aiutare i suoi contatti ad aumentare il loro valore all'interno dell'organizzazione indirizzandosi sui *business issues* che erano stati assunti specificatamente per risolvere e inserendoli in conversazioni di livello *senior* mentre avanzava lungo la catena. Il risultato è stato una vendita di oltre mezzo milione di dollari. E prima di tutto, il cliente ora considera veramente Ken Blanchard Companies come un consulente di fiducia piuttosto che un fornitore preferito."

Ecco i concetti che puoi immediatamente applicare per assicurarti di connetterti con il *potere*:

- Evita la Trappola del Titolo - Il titolo di una persona è spesso un indicatore insufficiente della sua responsabilità. Chiarisci e conferma la tua comprensione attraverso domande aperte.

- Supera Ogni Timore - Il venditore di successo è colui che è preparato, indipendentemente dal livello del potenziale cliente nell'organizzazione.

- Abbraccia il Team - Quando lavori con i *team* di acquisto, assicurati di sviluppare un VisionMatch con ciascun membro per scoprire ogni punto di vista unico.

- Nel Dubbio, Triangola - Usa tutte le tue fonti per verificare la verità.

- Utilizza il *Modus Operandi* - Stabilisci l'aspettativa che è necessario incontrare il CFO, GM, CEO o altri *top manager* o *stakeholder* che sono maggiormente interessati dal successo del progetto o coinvolti nel processo decisionale.

- Negozia l'Accesso - Per garantire l'accesso all'*executive*, identifica qualsiasi cosa di valore che il tuo contatto di medio livello richiede in cambio.

- Mantieni i Contatti con il *Potere* - Crea un accesso programmato o condizionato per garantire che la persona con il *potere* rimanga all'interno della tua sfera di influenza.

CAPITOLO 8

Sviluppare un Piano Reciproco

"Chi fallisce nel pianificare, pianifica di fallire."
Proverbio

"Quindi cosa serve per convincerti ad acquistare?"

Ad un certo punto della tua carriera di vendita, hai probabilmente fatto ad almeno un potenziale cliente qualche variazione su questo tipo di domanda. Molti professionisti delle vendite integrano questa domanda in ogni potenziale coinvolgimento commerciale. La domanda più grande è: hai formulato la risposta a questa domanda in una conferma scritta con il potenziale cliente? E comprendi tutti le fasi che il cliente dovrà completare per essere convinto che sei la giusta alternativa? In altre parole, hai inviato una lettera di *follow-up* o una e-mail al tuo potenziale cliente confermando la tua comprensione del set di attività concordate e dei passi chiave necessari per ricevere l'ordine di acquisto, controllo o contratto?

Il **Piano** è un accordo a-prova-di-concetto che dimostra la tua comprensione di ciò che il tuo potenziale cliente deve essere persuaso a fare per fare affari con te. Descrive le attività richieste - da te E dal tuo potenziale cliente - per aiutarti a chiudere la vendita.

Ecco alcune attività che potresti includere in un piano reciproco:

- Accedere a tutte le persone giuste, compresi i responsabili delle decisioni

- Fornire una dimostrazione della soluzione o un confronto con uno standard

117

- Verificare tutti i dettagli durante una revisione pre-proposta in modo da poter chiudere l'attività senza intoppi

- Avviare la procedura legale e/o di finanziamento o di appalto

Può trattarsi di una formulazione semplice come una lettera o una e-mail, oppure complessa come un documento pre-proposta. Il punto fondamentale è: IL PIANO DEVE ESSERE RECIPROCO. Deve essere creato insieme al potenziale cliente e documentato, per eliminare la confusione e le aspettative non percepite. Non è il tuo piano - è un piano comune tra te e il potenziale cliente.

Luke Papineau, un cliente di ValueSelling, una volta mi ha spiegato come ha avviato con successo un piano comune:

> *"Lavoro per un piccolo rivenditore nel nord-ovest del Pacifico. Siamo costantemente in competizione contro le grandi aziende come CISCO, IBM e ATT, ma ho sempre differenziato con successo me stesso e la mia azienda. Una delle prime cose che dico a un nuovo potenziale cliente è che c'è sempre qualcuno disposto a battere il mio prezzo. Questo risolve rapidamente due problemi: comunico chiaramente che non offriamo il prezzo più basso e mi permette di capire se ciò che il potenziale cliente cerca è solo la convenienza economica.*

> *"Le vendite che ho chiuso si basano esclusivamente sul "contratto" che ho creato con i potenziali clienti PRIMA di aver mai fornito loro delle risposte. Uso l'analogia di una partita di baseball, dove due squadre arrivano sul campo all'inizio del gioco e l'arbitro dichiara le regole di quel particolare gioco, in modo che ENTRAMBE le parti si trovino a giocare sullo stesso campo.*

"Offro il contratto: 'potenziale cliente, dichiari di avere questi problemi (A, B, C, D) che ti costano X dollari l'anno, e hai cercato di risolvere questo problema per gli ultimi sei mesi senza risultati. Che mi dici se fossi in grado di fornirti una soluzione che risolva i problemi A, B, C, D entro un periodo di tempo specifico, soddisfacendo al tempo stesso le tue esigenze di budget?' Se raggiungiamo un accordo, procediamo con la soluzione.

"Così facendo riesco ad ottenere la condivisione delle questioni aziendali e business issues da parte del potenziale cliente, poi prendo queste informazioni per dirigere la conversazione verso una soluzione che risolva tali problemi nel modo che solo la nostra azienda può fornire, soddisfacendo il loro senso di urgenza."

Il piano non è la tua personale lista di cose da fare che non coinvolge il potenziale cliente; è piuttosto un documento scritto da realizzare in collaborazione con lui/lei. Inizia dalla comprensione del processo decisionale del potenziale cliente, dei processi di approvvigionamento interni e delle esigenze individuali riguardo l'acquisto di prodotti e servizi. Ogni cliente, sia esso un individuo o un'azienda, prenderà decisioni in modo unico. In qualità di addetti alle vendite, è logico che vogliamo capire, sfruttare e orientare tale processo.

In ValueSelling, un piano ben sviluppato avvantaggia sia l'addetto alle vendite che il potenziale cliente:

- Benefici per Te: Avere un piano scritto ti consente di mantenere il controllo del ciclo di vendita ed evitare confusione sui traguardi e l'avvio di una relazione commerciale. Il piano può anche differenziarti dalla concorrenza nella mente del tuo potenziale cliente. Non avere un piano lascia il controllo del ciclo di vendita nelle mani del potenziale cliente e mette il professionista delle vendite nell'impossibilità di prevedere quale sarà il risultato e quando il potenziale cliente acquisterà.

- Vantaggi per il Potenziale Cliente: Un piano comune specifica i modi che dimostrano che la soluzione che hai presentato è credibile e affidabile ed è prova dellla tua abilità di mantenere le promesse. Questo passaggio attenuerà il rischio percepito da parte del potenziale cliente di fare una decisione di acquisto sbagliata.

- Un aspetto chiave della creazione di questo piano comune con i potenziali clienti è che ti dà l'opportunità di portarli oltre il loro acquisto, proiettandoli direttamente alla realizzazione del valore tramite l'uso dei tuoi prodotti e servizi. Il piano non finisce quando si riceve l'ordine. Può includere le attività che contribuiranno a un'implementazione di successo per il potenziale cliente.

- I piani ValueSelling terminano quando il potenziale cliente ha raggiunto il valore che si aspettava e ha risolto il business issue a cui è rivolta la soluzione. Ciò fornisce opportunità di "verifica" con i potenziali clienti di volta in volta per determinare se ci sono opportunità per aiutarli con altri *business issues* che potrebbero stare affrontando al momento. Risolvere un *business issue* offre ai potenziali clienti una ragione per fare affari con te in futuro. Può servire a rassicurare il potenziale cliente riguardo l'aver preso una buona decisione; sul fatto che otterranno ciò che si aspettano e che il tuo interesse è focalizzato sulla loro attività - non solo sul tuo ordine.

Far Ripartire una Vendita in Stallo

Hai fatto tutto perfettamente: il tuo potenziale cliente ha condiviso chiaramente con te i suoi problemi personali e *business issues*, hai collegato a questi problemi una soluzione che solo tu puoi fornire, lavori direttamente con la persona che ha il *potere* e hai concordato, per iscritto, quello che farai per il cliente. L'unica cosa che non sei stato in grado di fare è ottenere quella firma sulla linea tratteggiata.

L'associato ValueSelling J.B. Bush è un esperto nell'aiutare i suoi clienti a smuovere le situazioni in stallo e a far ripartire le vendite. Condivide di seguito un esempio:

> *"Un cliente mi ha chiamato per un consulto strategico riguardante un'opportunità da 2,2 milioni di dollari di cui era stata prevista la chiusura sei mesi prima, ma era stata poi ritardata mese dopo mese.*

> *"Per arrivare alla causa principale del ritardo ho condotto una valutazione delle opportunità con loro. Il team di vendita è stato in grado di confermare che la soluzione proposta era allineata al business issue, era chiaramente differenziata e che si erano impegnati a scrivere per iscritto e ricevere conferma dal potenziale cliente. In altre parole, erano in possesso di un VisionMatch Differenziato.*

> *"Successivamente ho avuto conferma di aver scoperto il valore commerciale che avrebbe giustificato il rilascio dei fondi per il progetto, inoltre ero convinto che il team di vendita comprendesse il valore personale dei principali responsabili delle decisioni. Il team aveva una comprensione chiara del processo decisionale e aveva avuto accesso ai principali responsabili delle decisioni. La loro proposta era stata allineata e adattata a questi individui.*

> *"Da ultimo, ma sicuramente non meno importante, c'era il piano. Quello che avevano redatto era un*

*piano di installazione che delineava le attività
dal giorno in cui l'ordine di acquisto sarebbe
stato firmato e che terminava alla data di "inizio
del funzionamento". Mancavano, in questa
versione iniziale del piano, i 12 mesi di attività che
rappresentavano gli sforzi di entrambe le parti per
giungere all'ordine di acquisto e inoltre i tempi in cui
il potenziale cliente avrebbe effettivamente realizzato
l'impatto e goduto dei benefici finanziari della
proposta.*

*"Avendo identificato il divario, il mio cliente ha
messo a punto un nuovo piano che ora includeva e
riassumeva i 12 mesi di attività di entrambe le parti
fino a quel punto del ciclo di vendita, includendo
anche i tempi in cui il potenziale cliente avrebbe
iniziato a risolvere i business issues identificati
e goduto dell'impatto finanziario della soluzione
proposta. L'ultimo elemento del piano citava:
"Missione Compiuta".*

*"Hanno presentato il nuovo piano reciproco al
potenziale cliente entro due settimane dal nostro
incontro e hanno ricevuto l'ordine di acquisto firmato
sette giorni dopo."*

Elementi del Piano

Un piano scritto potrebbe assumere varie forme; per esempio una copia cartacea su carta intestata della tua azienda, o ancora una semplice e-mail al potenziale cliente. Per determinare il formato migliore per il tuo potenziale cliente, basta chiedere.

Il piano dovrebbe includere una conferma del VisionMatch Differenziato (*business issue*, questioni aziendali e soluzioni) e valore, nonché un invito all'azione - sia per voi che per il vostro potenziale cliente - che indica chiaramente i prossimi passi nel processo di vendita. Di seguito è riportato un esempio di lettera formale. Determinare il modo migliore per creare questa comunicazione è parte del processo.

Esempio di Lettera di Piano da parte di ValueSelling:

[DATA]

Signor Joseph Smith
Titolo
ACME Inc.
123 Easy Street
Città, CAP

Caro Joe,

Grazie ancora del tempo che ci ha dedicato oggi e per l'opportunità di discutere dell'organizzazione commerciale di ACME Inc. A quanto comprendo, Lei si trova in procinto di valutare i *partner* di formazione alla vendita per assisterLa nella transizione delle competenze e dei processi del Suo *team* di vendita.

La situazione attuale, a seguito sia del vostro processo di pianificazione strategica e operativa, sia della complessità del vostro ambiente di vendita, è aumentata. I Suoi responsabili delle vendite stanno passando dalla vendita di prodotti a quella di sistemi e questo richiederà un nuovo set di competenze coerente con l'organizzazione di vendita.

Il problema principale è come aumentare la dimensione dell'opportunità con ciascuno dei Suoi clienti. ACME Inc. è orgogliosa di avere un ottimo elenco di clienti e di offrire un'ottima esperienza

> *Riconfermare Problemi e Business Issues*

al cliente. La crescita dei ricavi all'interno di quella base è fondamentale per raggiungere gli obiettivi aziendali dell'organizzazione.

Alcune delle sfide associate al raggiungimento di tale obiettivo includono:

- Combattere e differenziarsi rispetto alla concorrenza a basso prezzo

- Standardizzazione del set di competenze del *team* di vendita, che sarà "su tutta la linea" dal livello più alto a quello con meno esperienza

- Identificazione dei decisori chiave

- Scoprire la proposta di valore per ogni cliente

- Motivare il cliente o il potenziale cliente ad agire

Abbiamo anche discusso sul fatto che la soluzione ideale per ACME Inc. includerà:

> *Riconfermare la Soluzione*

- Un set e un processo di abilità "ValueSelling"

- Creazione di necessità per la differenziazione unica all'interno di ACME Inc. e il valore differenziale associato a tale unicità

- Integrazione degli strumenti di Six Sigma, dei processi e di altri strumenti di vendita rilevanti per ACME Inc. • Ottenere e mantenere l'accesso all'*executive*

- Miglioramento del senso degli affari

- Un *framework* per la distribuzione di nuovi prodotti e la formazione sui prodotti applicati

- Una soluzione personalizzata applicabile e pratica nel Suo esclusivo ambiente di vendita

Il valore per ACME Inc. per un lancio di formazione di successo sarà un focus sistematico e organizzativo sul cliente dal punto di vista del cliente. Il risultato atteso è una crescita redditizia dei ricavi dall'attuale base clienti.

> *Riconfermare il Valore di Business*

Il *Framework* ValueSelling™ di ValueSelling Associates è posizionato perfettamente per soddisfare le Sue esigenze e consentire alla Sua organizzazione di vendita di soddisfare e superare i suoi obiettivi generali.

Il fulcro di ValueSelling sarà l'utilizzo della nostra esclusiva "Formula ValueSelling di Qualifica del Potenziale Cliente", che è uno strumento per sviluppare le competenze e il processo intorno agli elementi critici in un ciclo di vendita a valore aggiunto. I nostri metodi di lavoro sono estremamente flessibili e possiamo personalizzare il nostro programma per soddisfare i Suoi obiettivi specifici e incorporare i processi, gli strumenti e le migliori pratiche esistenti.

ValueSelling è specializzata nella transizione -all'interno delle organizzazioni di vendita- dalla spinta del prodotto alla vendita di soluzioni aziendali. Aiutiamo i responsabili delle vendite a proporre per intero il valore dei loro prodotti o servizi, aumentando così la loro efficienza operativa e migliorando la loro posizione di *leadership* sul mercato. ValueSelling offre un impatto misurabile sui principali parametri operativi delle vendite, identificando le iniziative chiave e implementando la formazione, il rinforzo e le misurazioni per assicurare il successo.

I clienti ValueSelling hanno riscontrato il seguente impatto misurabile implementando ValueSelling:

- Riduzione dei tassi di sconto

- Aumento delle dimensioni degli affari a causa di vendite maggiori e vendite di rete

- Aumento delle vittorie competitive

- Precisione delle previsioni migliorata

Lavoreremo con la Sua organizzazione per sviluppare le metriche specifiche in grado di tracciare un impatto misurabile.

Il team che decide di collaborare con l'organizzazione di consulenza e formazione commerciale è guidato da Lei e diretto da Mike Jones.

> *Riconfermare il Potere*

Ha condiviso con me le Sue alte aspettative sulle tempistiche, sia per la selezione che per l'implementazione. Siamo pronti a rispettarle e lavorare entro le date e le scadenze. Ho allegato una sequenza temporale in base alle date e agli obiettivi per come li ho compresi.

Cordiali saluti,

Julie Thomas

Presidente, CEO ValueSelling

****

Pagina 2

ACME Inc.

Tempistiche di Trasformazione delle Vendite ValueSelling

Evento	Data	Stato
Riunione iniziale: Joe Smith Completato	09 feb	
Distribuzione del *training* di vendita RFP Completato	14 feb	
Risposte attese da potenziali *partner* Completato	21 feb	
Verifica dei riferimenti dei *partner*		*
Revisione della pre-proposta	22 feb	
Selezione dei *partner* di *training*	28 feb	*
Annuncio dell'approccio e processo ValueSelling	3 mar	*
Personalizzazione e *design* del programma di *training*	*	*
Presentazione del programma a circa 50 individui	*	*
Rinforzo e processi in corso	*	*
Impatto misurabile realizzato entro 90 giorni dall'inizio della formazione	*	

Potresti aver notato un elemento chiamato "Revisione della pre-proposta" nell'elenco di attività sopra riportato. Una revisione pre-proposta è un esercizio di conferma e presentazione che dovrebbe essere integrato in qualsiasi Piano. È un incontro con il comitato acquisti, gli sponsor, gli *influencer* e il Potere del potenziale cliente per rivedere i risultati e confermare che tutte le informazioni necessarie per prendere una decisione siano chiare. La revisione di queste informazioni riconferma la tua comprensione degli affari del potenziale cliente e mostra che sei in grado di affrontare le sue sfide. Puoi anche scoprire eventuali incertezze nella mente del potenziale cliente, in definitiva aiutandoti ad indirizzare e risolvere tali problemi e abbreviare il ciclo di vendita.

Durante la revisione pre-proposta, è necessario determinare se il potenziale cliente è pronto a fare affari con te e cominciare con una prova su tempistica immediata. In caso di successo, dovresti essere in grado di ottenere l'impegno del tuo potenziale cliente a fare affari ancora prima di sviluppare una proposta finale.

Più le Cose Cambiano

Immagina che il tuo potenziale cliente ti dica che concluderai l'affare se dimostrerai il successo del tuo prodotto o servizio e fornirai una referenza. Naturalmente sottoscrivi l'accordo per scrivere e completare questi passaggi di prova, ma finisci per sentire il potenziale cliente dire che ora vorrebbe provare il prodotto o il servizio per 30 giorni, "solo per essere sicuro."

Le modifiche al piano possono essere utilizzate come *chip* di contrattazione. Se il tuo piano è in forma scritta e i passaggi del piano sono stati precedentemente concordati sia da te che dal tuo potenziale cliente avrai una posizione contrattuale più forte. La cosa migliore da chiedere in cambio di modifiche al piano è qualsiasi cosa possa aiutare a chiudere la vendita più velocemente.

ValuePrompter

Se non hai un piano scritto o non formalmente confermato per iscritto sarà difficile per te contrattare quando si verificano cambiamenti.

Come potrebbe suonare:

> *"Capisco il tuo bisogno di essere rassicurato sulla tua decisione. Se accetto di fornire la valutazione, sarà per te una prova sufficiente_____? (Qualsiasi dichiarazione di contrattazione include se... seguito da affermazioni. Riempi lo spazio vuoto con qualsiasi cosa di cui tu abbia bisogno per evitare ulteriori ritardi nel ciclo decisionale.)*

Ecco i concetti che puoi applicare fin da subito per assicurarti di aver stabilito le regole di ingaggio che ti porteranno al successo finale:

- Prima di Iniziare - È necessario avere una comprensione del processo decisionale del potenziale cliente, dei processi di approvvigionamento interni e dei requisiti individuali per l'acquisto di prodotti e servizi.

- Un Piano Non è una Lista di Cose da Fare - Un piano comune delinea le attività richieste da te E dal tuo potenziale cliente per aiutarti a chiudere la vendita e mitigare il rischio percepito dal potenziale cliente di prendere una decisione di acquisto sbagliata.

- Ciò che Includi Ti Protegge - Assicurati di coprire tutti i potenziali ostacoli alla chiusura della vendita:

- Accedi a tutte le persone giuste, compresi i responsabili delle decisioni

- Fornisci una dimostrazione della soluzione o un confronto con uno standard di riferimento

- Verifica tutti i dettagli durante una verifica pre-proposta in modo da poter chiudere l'affare senza intoppi

• Avvia il processo legale e/o di finanziamento o di appalto

• I Benefici Sono Grandi - Mantenete il controllo del ciclo di vendita ed evitate confusione sugli obiettivi e l'avvio di una relazione d'affari. Il tuo potenziale cliente è convinto che la soluzione che hai presentato sia credibile e affidabile e dimostri di poter fare ciò che hai affermato.

• Il Rovescio della Medaglia è Ancora Più Grande - Senza un piano comune concordato si rischia l'ignoto. Potresti sottovalutare gli ostacoli e l'importanza dei decisori chiave.

• Utilizza le Modifiche al Piano a Tuo Vantaggio - Quando il potenziale cliente richiede una modifica nel piano comune, chiedi qualcosa in cambio.

CAPITOLO 9

Puntare al *Closing*

"Gli ostacoli sono quelle cose spaventose che noti quando distogli gli occhi dal tuo obiettivo."

Henry Ford, Imprenditore Americano,
Pioniere nell'Industria dell'Automobile (1863-1947)

Quante di queste obiezioni hai già sentito?

"Vorremmo prima testare il tuo prodotto nel nostro ambiente."

"Abbiamo bisogno di approfondire la valutazione."

"Possiamo parlare con qualcuno che ha avuto successo con questo prodotto prima?"

"Abbiamo bisogno di realizzare un'altra demo per..."

"Ho bisogno di pensarci ancora un po'..."

Quante di queste obiezioni hai sentito prima d'ora? Probabilmente potresti aggiungerne a decine per compilare la lista di tutte le obiezioni e le tattiche di stallo che hai affrontato durante la tua carriera. Non sorprendentemente, più complessa e costosa è la tua soluzione, maggiore è la probabilità di un ritardo nella tua capacità di chiusura.

Il *Closing* è definito come la decisione da parte di un potenziale cliente di fare affari con te. La decisione è quindi seguita da un'azione da parte del potenziale cliente, come l'emissione di un ordine di acquisto, la firma di un contratto, il rimborso di fondi o qualsiasi altro impegno scritto per fare affari. È il risultato logico di un processo di vendita ben eseguito e trova la sua naturale conclusione nelle pratiche burocratiche.

Dovresti avere ormai molta familiarità con i quattro componenti chiave del Framework ValueSelling: è un buon momento per rivisitare i tuoi progressi. Per prepararsi alla chiusura, gli elementi costitutivi del successo includono:

VisionMatch Differenziato: Hai stabilito credibilità costruendo una visione condivisa con il tuo potenziale cliente che mostra come la tua soluzione sia la migliore nel risolvere le sue questioni e *business issues*. Il cliente ha confermato il "collegamento". Per differenziarti, il potenziale cliente deve anche riconoscere che esiste un elemento della soluzione che è unico e/o diverso rispetto alle alternative competitive. (Dopotutto, potresti essere in competizione con qualcosa di più di semplici aziende come la tua: anche il mantenimento dello *status quo* o l'adozione di una soluzione interna potrebbero essere alternative considerate).

Valore: Hai aiutato il tuo potenziale cliente a scoprire il valore - sia personale che aziendale - maturato dalla risoluzione dei suoi *business issues* e questioni aziendali, e creato la risposta alla domanda: "Dovrebbe comprare?"

Potere: Hai creato il VisionMatch Differenziato e scoperto il valore al livello nella gerarchia organizzativa della società in cui risiede l'autorità di spendere i soldi, rispondendo così alla domanda "Può comprare?"

Piano: Hai ricevuto conferma dal tuo potenziale cliente che la tua soluzione può essere implementata con un rischio minimo per l'organizzazione e per l'individuo, e hai dimostrato che le tue capacità sono realistiche e il valore è raggiungibile.

Ma cosa succede se NON hai soddisfatto ogni parte dell'equazione? O cosa succede se qualcosa cambia e la situazione porta un potenziale cliente fuori dallo stato qualificato? Se ci sono delle domande senza risposta nella mente del potenziale cliente, o collegamenti poco chiari in uno qualsiasi degli elementi di cui sopra, probabilmente incontrerai un'obiezione. Un'obiezione è una domanda, un commento o un dubbio sollevato dal potenziale cliente che deve essere affrontato prima che il processo di vendita possa continuare.

Superare le Obiezioni

Le **obiezioni** sono domande o preoccupazioni che fanno da ostacoli alla chiusura della vendita. Le obiezioni sono diverse dai motivi per non comprare da te. Sono spesso una semplice richiesta di ulteriori informazioni o chiarimenti da parte del potenziale cliente. Sono l'indicazione chiave che uno dei quattro elementi del Framework ValueSelling non è stato completamente affrontato dal punto di vista del potenziale cliente o che qualcosa è cambiato. Poiché il nostro sistema di vendita è progettato per semplificare il processo di acquisto, è importante rispondere a tali domande e chiarire il punto di vista del potenziale cliente. Se il potenziale cliente ha un'obiezione, questa deve essere messa sul tavolo e affrontata prima di poter procedere con la chiusura. Le obiezioni che non vengono indirizzate bloccheranno la tua vendita ogni volta e potresti persino non capire del tutto perché non sei riuscito a chiudere l'affare.

Quindi, cosa fai di fronte a un'obiezione?

Prima di tutto, non farti prendere dal panico. La situazione sarebbe molto peggiore se il potenziale cliente non sollevasse l'obiezione. Condividendo l'obiezione con te, ti ha dato un'opportunità di risposta. In caso contrario, potresti perdere la vendita senza mai sapere perché l'hai persa.

In generale, il modo in cui il potenziale cliente pone una domanda o solleva un'obiezione fornisce indizi sull'argomento irrisolto e ti indirizza verso il punto in cui devi rivedere il tuo processo di vendita e lavorare sul potenziale cliente.

Di seguito sono riportate alcune delle obiezioni più comuni, insieme a suggerimenti su quali aspetti dell'equazione devono essere rafforzati.

"La tua soluzione costa troppo."

Quando l'obiezione riguarda il costo, la risposta è sempre nel valore.

Una credenza comune nel campo delle vendite è che le concessioni sui prezzi motiveranno un potenziale cliente all'acquisto. Questo non potrebbe essere più lontano dalla verità. Lo sconto non è un toccasana per creare urgenza e concludere affari all'interno di un ciclo di vendita incompleto. Un grande risparmio su un prodotto o servizio che non risulta essere necessario o di valore probabilmente non è un forte motivatore.

La prima domanda da porsi e in genere ri-chiedere al potenziale cliente è la conferma da parte sua che nella soluzione ci sia abbastanza valore per influenzare positivamente il *business issue*. Credono che quel valore sia raggiungibile nella loro organizzazione? La seconda domanda da porsi è se il potenziale cliente realizza o riconosce l'impatto personale derivato dal procedere con l'acquisto della soluzione. Supponendo che il tuo prezzo sia equo, non hai bisogno di essere un'alternativa a basso costo se sei veramente differenziato. Devi lavorare di più sullo scoprire un valore abbastanza differenziato da motivare infine all'azione.

"Devo parlare con il mio capo."

Se non hai un VisionMatch con la persona che ha il *potere* sei a rischio che qualcun altro, un concorrente o un'alternativa competitiva, lo ottenga prima di te. Prima di essere pronto a chiudere, assicurati di raggiungere il giusto livello e che il potenziale cliente abbia il potere effettivo di procedere con l'acquisto. Se non è così, ri-crea il tuo piano comune con la persona alla quale hai accesso e contratta per incontrare il decisore ultimo.

"Non vedo la differenza tra la tua soluzione e le altre... ci stiamo pensando."

Essere diversi non significa essere Differenziati. In qualità di addetti alle vendite, dobbiamo scoprire la necessità della nostra differenziazione utilizzando le *probing questions* (domande di sondaggio) dei problemi. Se il potenziale cliente non è d'accordo sul fatto che la nostra soluzione rappresenti la migliore alternativa, indipendentemente dalle sue capacità uniche è necessario lavorare di più per differenziare la propria soluzione da quelle dei competitori. La chiave per creare un VisionMatch Differenziato è scoprire quei problemi del potenziale cliente che solo tu e la tua soluzione siete in grado di affrontare.

"Non sono sicuro che siamo pronti per questo tipo di prodotto."

Man mano che il tuo potenziale cliente si avvicina alla decisione aumenterà la sua paura di sbagliare. In qualità di addetti alle vendite, una delle nostre principali responsabilità è garantire che il rischio del nostro potenziale cliente sia mitigato. Hai fatto ciò che è necessario e richiesto per convincere questa persona? In caso contrario, potrebbe non vedere un motivo per procedere nei tempi previsti. Considera anche se questa questione commerciale è la sfida più pressante per il potenziale cliente, al momento. Se stai cercando di risolvere un problema secondario o terziario, il potenziale cliente potrebbe dare la priorità a una questione con un grado più elevato di urgenza.

"Ho davvero bisogno di pensarci su."

L'obiezione "ci penserò su" non indica quale parte dell'equazione è mancante. Il meglio che puoi fare in questo caso è di cercare ulteriori dettagli:

> "A cosa esattamente hai bisogno di pensare?"

> "C'è qualche chiarimento con il quale posso aiutarti?"

> "È cambiato qualcosa dall'ultima volta che abbiamo discusso e confermato i tuoi *business issues*, le questioni, la visione della soluzione, ecc.?"

Di seguito è riportato un esempio di come affrontare un potenziale cliente che vuole "ripensarci". Tieni presente che questo livello di domande dipende dal tuo grado di credibilità e dal rapporto con il potenziale cliente. Potrebbe essere necessario chiedersi fino a che punto si possa perseguire questo tipo di discussione.

Venditore: Posso contare sul vostro impegno a fare affari con noi?

Potenziale Cliente: Vorrei pensarci su un attimo.

Venditore: Ne sono felice, quello che mi dici è importante. Molti dei nostri clienti più soddisfatti si sono presi il tempo per riflettere sulle loro decisioni, e sono sicuro che non ci dedicheresti tempo se non fossi seriamente interessato. Dico bene?

Potenziale Cliente: Sì.

Venditore: Su cosa hai bisogno di riflettere? Hai bisogno di capire se abbiamo preso in considerazione tutti i problemi che vuoi affrontare?

Potenziale Cliente: No, sei stato molto attento e hai dimostrato una buona comprensione delle sfide che devo affrontare.

Venditore: Riguarda la nostra capacità di risolvere questi problemi?

Potenziale Cliente: No, la soluzione soddisfa tutti i nostri requisiti. (C'è un VisionMatch Differenziato.)

Venditore: Magari ti stai chiedendo se siamo stati in grado di dimostrare un valore sufficiente per motivarti a diventare un cliente?

Potenziale Cliente: Credo di non essere motivato ad agire immediatamente.

Venditore: Possiamo fare un passo indietro e rivedere il valore della risoluzione di queste sfide prima piuttosto che poi?

ValuePrompter

Non concluderai mai una vendita quando un potenziale cliente ha un'obiezione che non è stata presa in considerazione.

Ecco alcuni suggerimenti aggiuntivi per la gestione delle obiezioni:

Chiarire per capire: Non tutti i potenziali clienti chiedono esattamente quello che vogliono sapere. Prima di iniziare a rispondere a un'obiezione, assicurati di capire quale sia esattamente l'obiezione. Utilizza le *probing questions* o riformula la domanda.

ValuePrompter

Evitare di affrontare la vera obiezione con il tuo potenziale cliente aumenta il rischio di perdere del tutto la vendita. In altre parole, rispondere alla domanda sbagliata con la risposta giusta non ti aiuterà nel processo di vendita.

Ad esempio, un mio cliente è un'azienda di consulenza. Stavano lavorando con un grande ospedale della Costa Orientale per vendere e fornire i loro servizi. Era una situazione difficile con pericolosi *competitors*. Al momento di redigere la proposta finale, hanno scelto prezzi e proposte estremamente competitivi e aggressivi. Non c'erano orpelli o margini di sicurezza di alcun genere, dunque non c'era spazio per ulteriori concessioni o sconti.

Dopo aver inviato la proposta, il mio cliente è stato chiamato per incontrare il Capo dell'Ufficio Amministrazione dell'ospedale. Una volta iniziata la riunione, al mio cliente sono stati chiesti chiarimenti riguardo il prezzo: come l'hanno determinato, cosa è stato incluso, cosa è stato escluso, ecc. Il mio cliente divenne un po' nervoso, poiché sapeva che se l'ospedale stava cercando un livello di investimento più basso, non sarebbe stato in grado di accogliere la richiesta.

Ha iniziato dunque a rispondere alle domande ponendo prima un'altra domanda, chiarendo cosa e perché il prezzo era in questione. Come si è scoperto, questo potenziale cliente non pensava che il prezzo fosse troppo alto. Al contrario, la proposta del mio cliente era in realtà la più bassa. L'ospedale temeva che i prezzi non fossero onnicomprensivi e che sarebbero finiti in una situazione in cui i costi non erano stati previsti correttamente.

Chiarendo con le domande ora era in grado di affrontare la vera obiezione, che non riguardava il prezzo ma i risultati.

Fai una Diagnosi dell'Obiezione: Determina quale area della Formula ValueSelling risulta debole o sottosviluppata. Ecco alcune domande che puoi porti:

- La soluzione risolve un *business issue* riconosciuto dal potenziale cliente?

- Il potenziale cliente è d'accordo sul fatto che la soluzione risolva i problemi meglio di qualsiasi alternativa, eliminando in tal modo il problema?

- È stato quantificato un valore sufficiente da parte del tuo potenziale cliente per giustificare l'investimento nella tua soluzione?

- Il tuo potenziale cliente ha l'autorità per effettuare l'acquisto?

- Hai dimostrato le tue capacità e valore in modo soddisfacente per il potenziale cliente?

- Hai un piano scritto per continuare la relazione commerciale?

- Questo piano riguarda il potenziale cliente e include una data specifica che si tradurrà in una relazione commerciale?

Una volta chiarita l'obiezione e diagnosticata quale area della Formula è interessata, determina se esiste qualcos'altro che impedisce al potenziale cliente di procedere. Quello a cui punti è far emergere TUTTE le preoccupazioni del tuo potenziale cliente prima di rispondere a qualsiasi singola obiezione. Lo chiamiamo *"Sharp-Angle Close"* (Mettere all'Angolo).

Come potrebbe suonare:

> *"Se possiamo affrontare e chiarire il problema*
> *sollevato, tra quanto tempo potremo pianificare la*
> *consegna?"*

Molti venditori vengono da noi e ci chiedono le parole con cui dovrebbero magicamente rispondere alle obiezioni dei loro potenziali clienti. Ancora una volta, il *closing* è il risultato naturale di un processo di vendita ben eseguito. L'utilizzo del processo ValueSelling è l'ingrediente per il successo. Dopo aver diagnosticato da dove proviene l'obiezione, puoi tornare indietro e confermare ciò che hai appreso in precedenza nel ciclo di vendita e riconfermare o sondare ciò che è cambiato.

Negozia per Vincere

Visti i mercati iper-competitivi di oggi, i potenziali clienti sono naturalmente più avversi al rischio che mai. In ogni situazione di negoziazione, la tua responsabilità è quella di comprendere i criteri del tuo potenziale cliente, oltre che i tuoi, e creare eticamente risultati positivi per tutte le parti coinvolte.

Le trattative dovrebbero iniziare solo dopo aver confermato un VisionMatch Differenziato e aver stabilito valore sia aziendale che personale. Utilizzare le tre categorie chiave negoziabili - Risultati, Termini e Condizioni e Prezzi - con le seguenti tre strategie può aiutarti a navigare nel difficoltoso mare della negoziazione.

Strategia n. 1: Scambio
Nello scambio, il tuo obiettivo è soddisfare le esigenze di entrambe le parti scambiando gli articoli di una categoria con gli articoli di una seconda categoria.

Come potrebbe suonare:

> *"Se desideri che questo prodotto venga spedito in più sedi, sei disposto ad accettare termini di pagamento diversi?"*

Strategia n. 2: Arricchimenti

Questa strategia richiede di aumentare il valore in una categoria quando non è possibile creare un compromesso per accogliere le richieste del potenziale cliente. Ad esempio, puoi creare risultati che ti costano poco ma sono di grande valore per il potenziale cliente.

Come potrebbe suonare:

> *"Se espandiamo il corso di formazione da quindici a venti persone, sei disposto a pagare lo stesso prezzo base per ogni altro studente?"*

Strategia n. 3: Compromesso

Il compromesso implica trovare la via di mezzo nella stessa categoria. La suddivisione della distanza col potenziale cliente in termini di prezzo, termini di pagamento o risultato specifico potrebbe essere un esempio.

Come potrebbe suonare:

> *"Se fosse possibile dividere la differenza, potremmo continuare con la negoziazione?"*

Quando si negozia con i potenziali clienti, ci sono alcuni punti da ricordare. In primo luogo, assicurati di comprendere la "necessità" dietro la posizione del tuo potenziale cliente. Secondo, conosci il tuo livello di *empoterement*; potresti trovarti in un territorio pericoloso con la tua azienda o il tuo potenziale cliente se fai promesse che non rientrano nel tuo raggio di controllo. Terzo, mantieni la calma; rispondi piuttosto che reagire e mantieni un livello elevato di rapporto in ogni fase del processo. Infine, sappi quando è il momento di andartene: alcune offerte semplicemente non valgono quello a cui ti viene chiesto di rinunciare.

Negoziare per il successo richiede pianificazione e forti capacità comunicative. Mantenere l'obiettivo finale in mente - un risultato positivo per entrambe le parti - aumenterà il tuo potenziale nell'ottenere risultati di successo.

Ecco i concetti che puoi applicare fin da subito per assicurarti di superare con successo le obiezioni del potenziale cliente:

- Niente Panico: se il vostro potenziale cliente solleva un'obiezione, consideratela un'opportunità per chiarire e rassicurare.

- Chiarire - Utilizza il Processo *Open-Probe-Confirm* per identificare la radice dell'obiezione del potenziale cliente.

- Diagnosi del Problema - Prima di poter affrontare l'obiezione devi capire quale area del Value Selling Framework è più debole.

- Obiezioni Comuni - Ciò che sentiamo più spesso e in che modo si riferisce al tuo processo:

    "La tua soluzione costa troppo" - il valore non è stato chiaramente stabilito.

    "Devo parlare con il mio capo" - il tuo potenziale cliente non è la persona con il *potere*.

    "Non vedo la differenza tra la tua soluzione e le altre che stiamo esaminando" - non hai stabilito un VisionMatch Differenziato.

    "Non sono sicuro che la nostra azienda sia pronta per questo tipo di prodotto." - Non hai mitigato con successo il rischio in relazione al *business issue* o problema personale.

• Crea un Risultato Positivo - Una volta che hai diagnosticato chiaramente la motivazione del tuo potenziale cliente, usa la negoziazione per aumentare il livello di *comfort* e mitigare la paura del rischio.

CAPITOLO 10:

L'implementazione di ValueSelling

"Il successo è utilizzare al massimo l'abilità che hai."
Zig Ziglar, Pioniere delle Vendite e Speaker Motivazionale (1926-2012)

Ora che hai appreso i fondamenti del *Framework* ValueSelling e hai auspicabilmente esercitato le tecniche applicandole alle tue situazioni di vendita, è ora di trasformare le tue nuove conoscenze in azioni.

Hai qualificato un potenziale cliente utilizzando la Formula del Potenziale Cliente Qualificato.

Hai identificato e confermato il business issue. Hai confermato la visione del potenziale cliente riguardo i problemi che devono essere risolti e la differenziazione. Hai stabilito che esiste un valore sufficiente nel risolvere i problemi dal punto di vista del potenziale cliente e hai sviluppato un piano con la persona che ha il potere di decidere. Diamine, sei persino riuscito a vendere alcuni prodotti o servizi aggiuntivi che in passato avevi ignorato.

Congratulazioni: hai utilizzato con successo il Framework ValueSelling per trasformare un possibile affare in un cliente affezionato!

Ora che il tuo cliente ha messo la firma sulla linea tratteggiata, qual è il tuo prossimo passo?

Fidelizzazione dei Clienti

Molti venditori sono colpevoli del tipo di vendite "mordi e fuggi".

Ricevono l'ordine e poi scompaiono fino al rinnovo o quando desiderano aggiornare quel cliente. I migliori venditori mantengono invece i propri clienti rimanendo in contatto con tutti coloro che sono coinvolti nella decisione di acquisto durante l'intero ciclo di vita della relazione. Dall'utente finale al decisore: rafforzano le decisioni di acquisto, scoprono nuove esigenze e sono responsabili dei risultati e del servizio proposti.

Se sviluppato correttamente, il piano che hai concordato con il tuo nuovo cliente non dovrebbe solo dimostrare le tue capacità, ma anche identificare i risultati previsti in termini di valore e impatto della soluzione. In altre parole, il tuo elenco di attività non si conclude con la ricezione di un assegno; porta piuttosto te e il tuo cliente attraverso il processo di implementazione - che dovresti monitorare - e include tappe fondamentali in cui il valore viene effettivamente raggiunto o realizzato - che devi confermare.

Il *business* delle "vendite" non è semplicemente l'acquisizione di nuovi clienti; è anche il rinnovo e la rivendita dei tuoi attuali clienti. Un professionista delle vendite con cui ho lavorato una volta mi ha detto che non lavorava nel campo delle vendite, ma nel *business* del successo dei clienti. La vendita del suo prodotto e servizio era un risultato secondario. Un aspetto chiave del tuo ruolo di venditore è quello di mantenere e aumentare le entrate dei tuoi clienti esistenti. Perdere clienti significa perdere una risorsa aziendale chiave.

In genere costa molto di più ottenere un nuovo cliente che mantenerne uno. I rapporti commerciali più redditizi sono in genere, quindi, di natura a lungo termine.

Il concetto di fidelizzazione dei clienti inizia prima di ottenere il cliente - durante il processo di vendita stesso. Le persone sono soddisfatte quando i loro bisogni sono soddisfatti e le loro decisioni di acquisto portano a un valore aggiuntivo. Rafforzare, comunicare e riesaminare la decisione di acquisto in tutta la relazione contribuirà a consolidare la relazione commerciale nel tempo.

Essere presenti durante le tappe specifiche del tuo piano, mostra ai clienti che li vedi come qualcosa di più di una serie di grossi e grassi assegni sulle commissioni. Giustifica inoltre la sicurezza di sentirti messo in primo piano, il che rende il processo di acquisto una proposta a rischio più basso e ti prepara a una seconda o terza vendita di successo.

Cosa succede quindi se scopri che sono passati mesi dall'ultima volta che hai parlato con un cliente chiave? Cosa succede se coloro che hanno scelto in origine la tua soluzione non sono più nelle posizioni decisionali?

Quando le cose cambiano nel tempo all'interno dei mondi dei tuoi clienti - ed è normale succeda - la conversazione ValueSelling può essere riutilizzata più e più volte per riconnettersi ai nuovi giocatori e dirigenti nel tuo *account*. Ricorda il principio fondamentale di ValueSelling: *Le persone hanno bisogno di un motivo per cambiare.* Ora avranno bisogno di un motivo per non scegliere più la tua azienda. La comunicazione proattiva, la revisione dei *business issues*, la scoperta di nuovi problemi che solo tu puoi affrontare in modo unico con le tue soluzioni sono la chiave per la fidelizzazione dei clienti.

Il valore nel passato non garantisce necessariamente valore in futuro. È interessante notare che, una volta che un bisogno è stato soddisfatto o il problema è stato risolto, questo non è più un motivatore per la nostra presenza in campo. Se ciò è vero, è vero anche che la maggior parte dei venditori non si rivolgono alle procedure di rinnovo con lo stesso rigore di quelle che riguardano nuove vendite. Questa è una trappola che puoi evitare con ValueSelling. Utilizza questo processo per i rinnovi e per i clienti esistenti, per garantire che continuino a fare affari con voi e la vostra azienda.

Metti in Pratica Ciò Che Hai Imparato

All'inizio di questo libro, ti ho promesso che l'utilizzo del *Framework* ValueSelling ti avrebbe aiutato nel:

- Differenziare la tua soluzione e creare la domanda per ciò che fai meglio dei tuoi concorrenti, pur mantenendo il valore dell'unicità della tua soluzione.

- Aumentare il volume di affari riducendo al minimo l'uso di sconti e aumentando le vendite di rete per prodotti e servizi aggiuntivi.

- Accorciare il tuo ciclo di vendita semplificando anche le situazioni più spinose.

- Fornire tassi di successo più alti diagnosticando più rapidamente le opportunità che difficilmente si chiuderanno e aumentando il tempo a disposizione per concentrarsi su quelle che avranno più probabilmente successo.

- Influenzare i criteri di acquisto dei potenziali clienti sfruttando la propria credibilità personale e diventando un consulente aziendale per i potenziali clienti, aiutandoli a ottenere valore dalla risoluzione dei *business issues* più importanti con l'utilizzo dei prodotti e servizi forniti dalla società.

Sei riuscito a realizzare tutto ciò?

Come abbiamo chiarito sin dall'inizio, per affinare il tuo nuovo set di abilità è necessario esercitarsi. Ora che hai compiuto il primo passo verso l'applicazione del *Framework* ValueSelling alle relazioni con i tuoi clienti, potresti prendere in considerazione l'iscrizione a *workshop* di *follow-up* dal vivo realizzati da ValueSelling Associates, in cui puoi sviluppare ulteriormente le tue nuove competenze in scenari di gioco di ruolo.

I seguenti corsi completano e migliorano ciò che hai imparato in questo libro:

- La Formazione alla Vendita ValueSelling Online è un *blended learning* che incorpora un corso di autoapprendimento online con un *workshop* complementare. I *workshop* sono personalizzati per clienti specifici e offerti al pubblico.

- La Formazione alla Vendita eExecutive ValueSelling Online prepara il responsabile delle vendite a sostenere una conversazione di lavoro a tutti i livelli di un'organizzazione, in particolare a livello decisionale. Questo corso consente ai responsabili delle vendite di costruire una base di *know-how* aziendale che fornisce la conoscenza e fiducia necessarie per avvicinare con successo i dirigenti aziendali *senior* e coinvolgerli in una conversazione a livello aziendale.

- Creazione del Bisogno e Differenziazione Competitiva sono corsi che sviluppano il processo per creare il bisogno e applicarlo a opportunità non sfruttate.

- *Coaching* ValueSelling: Quando si implementano cambiamenti di qualsiasi tipo in un'organizzazione di vendita, i responsabili delle vendite di prima linea sono fondamentali per il successo e la sostenibilità di tale cambiamento. Questo *workshop* sviluppa un modello di *coaching* e una struttura per i responsabili delle vendite di ValueSelling per assicurarne il successo.

- Vittoria! Miglioramento Continuo per i professionisti delle vendite. Vittoria offre una formazione *online* punto per punto sulle competenze di vendita di base. Sia che tu stia cercando di gestire al meglio il tuo tempo o che tu necessiti ulteriore supporto nella negoziazione di un grosso affare, Vittoria contiene dei moduli che possono aiutarti quando ne hai bisogno.

Sia che si seguano corsi di formazione aggiuntivi o che si provino i concetti con altri colleghi di vendita, solo l'utilizzo del *Framework*

ValueSelling con un potenziale cliente reale permette di iniziare a vedere i risultati. Potresti commettere errori, ma qual è il peggio che può accadere? Il tuo potenziale cliente potrebbe lanciarti occhiate perplesse. Ripeti semplicemente la domanda con parole diverse e prova, riprova!

Il punto è: se non eserciti le abilità che hai appena imparato, finirai probabilmente per tornare ai tuoi vecchi metodi, chiedendoti perché le tue vendite sono in stallo per l'ennesima volta. Usando coerentemente il *Framework* ValueSelling, semplice e ripetibile, migliorerai la tua percentuale di vittoria, aumenterai le dimensioni degli affari e migliorerai l'accuratezza delle tue previsioni.

Appendice A: Glossario dei termini e delle definizioni di ValueSelling

Domanda di ansietà

Le domande di ansietà fanno provare al potenziale acquirente le conseguenze di non disporre della vostra Soluzione. Creano un senso di urgenza quando non è presente. Le domande di ansietà sono di natura provocatorie. Sfidano il modo di pensare del potenziale acquirente.

Negoziare, Negoziare per l'Accesso [al potere]

Negoziare significa scambiare una risorsa di valore richiesta dal vostro potenziale acquirente in cambio dell'accesso al potere.

Business Issue

La Business Issue è una metrica tempificata e misurabile che una persona deve affrontare o risolvere per raggiungere l'Obiettivo Aziendale dell'organizzazione.

Obiettivo Aziendale

L'Obiettivo Aziendale è ciò che un'organizzazione deve realizzare per mantenere o far crescere la propria attività/i propri profitti/la propria missione.

Valore di business

Il Valore di business è la percezione di un potenziale acquirente dell'impatto di una Soluzione da una prospettiva economica.

Campagna, Campagna di comunicazione [o propaganda]

La campagna comunicativa è una strategia, una sequenza pianificata di email, messaggi vocali e post sui social media adeguata a ogni possibile candidato di Potere

Coach

Un Coach è qualcuno che può influenzare un acquisto e può offrire informazioni al Venditore sull'evoluzione della decisione.

Accesso Condizionato

L'Accesso Condizionato è un accordo che garantisce l'accesso al Potere se qualcosa va storto durate il processo di vendita.

Conferma, Domande di Conferma

Le Domande di Conferma convalidano le informazioni condivise tra un acquirente e un venditore. Dimostrano che un Venditore ha ascoltato e compreso.

Introduzione di Credibilità

L'Introduzione di Credibilità è una tattica per aprire una riunione o una conversazione progettata per dimostrare che sei una fonte attendibile e affidabile di informazioni, prodotti e servizi.

VisionMatch™ differenziato

Il VisionMatch™ differenziato è una conferma tra un Acquirente e un Venditore che la Soluzione fornita dal Venditore si collega alla Business Issue, ai Problemi, e alla Soluzione ideale in maniera migliore o unica rispetto a qualsiasi alternativa in concorrenza.

Differenziazione

La Differenziazione è un processo in cui il Venditore scopre dei motivi unici per i quali un potenziale Acquirente ritiene che il prodotto o il servizio del Venditore possa fare la differenza per l'Acquirente stesso.

Influencer

Un Influencer è qualcuno che ha un punto di vista autorevole e che ha accesso al Potere, come ad esempio un esperto in materia. Questa persona può essere interna o esterna all'organizzazione dell'Acquirente.

Modus Operandi

Si intende come "modus operandi" il dichiarare la richiesta di accesso al potere nella proposta come modalità standard di gestire il business.

Piano mutuamente condiviso, Piano

Un Piano mutuamente condiviso è la documentazione scritta di ogni meeting, sia di persona che al telefono, in cui l'Acquirente e il Venditore concordano reciprocamente in merito alle fasi successive.

Nessuna Decisione

Nessuna decisione è il risultato del ciclo di vendita in cui l'Acquirente non decide di fare affari con voi e non Business Issue e Problemi con altri concorrenti alternativi.

Processo investigativo O-P-C

Il Processo investigativo O-P-C è una sequenza di domandeutilizzata in ogni fase del processo di acquisto per scoprire Business Issue, Problemi, Soluzioni, Valore, Potere e Piano.

Domanda, Domanda aperta

Una Domanda aperta è concepita per far emergere la visione degli Acquirenti in merito alla loro situazione attuale e per incoraggiarli a parlare di più. È oggettiva, non tendenziosa, e di solito inizia con "cosa", "perché", o "come". Le Domande aperte mostrano all'Acquirente che il Venditore è interessato.

Strumento di Valutazione delle Opportunità

Lo Strumento di Valutazione delle Opportunità è una diagnostica che valuta ciò che deve essere sviluppato e identifica se VisionMatch™ differenziato, Valore, Potere o Piano sono completi, sottovalutati o mancanti.

Le persone comprano dalle persone.

Uno dei principi fondamentali del VauleSelling Framework®. Nelle vendite B2B, "le persone comprano dalle persone" significa che le persone devono essere capaci di comunicare, di stabilire fiducia e di costruire rapporti.

Le persone prendono decisioni d'acquisto emotive per ragioni logiche.

Uno dei principi fondamentali del VauleSelling Framework®. Nel prendere decisioni, l'Acquirente è spesso inconsapevole del Valore Personale (emotivo) alla base del processo decisionale (logico).

Le persone hanno bisogno di un motivo per cambiare.

Uno dei principi fondamentali del VauleSelling Framework®. Le persone sono motivate a fare cambiamenti solo quando hanno un motivo per farlo. Nel ValueSelling Framework®, al venditore viene insegnato di scoprire i motivi per cambiare del potenziale acquirente, di collegare questi motivi alla Business Issue dell'Acquirente stesso, e di risolvere i Problemi collegati alla Business Issue.

Valore Personale

Il Valore Personale è il motivo per cui ciascuna persona attribuisce un valore, o "Cosa ci guadagno?", alla Soluzione.

Lettera di Piano

Una Lettera di Piano è la documentazione scritta di ogni riunione, sia di persona che al telefono, per email o lettera. Una Lettera di Piano include un riepilogo e una timeline.

Timeline del piano

La Timeline del piano è un crono-programma allegato alla Lettera di Piano.

Accesso Pianificato

L'Accesso Pianificato è un accordo che garantisce a un Venditore l'accesso continuo al Potere durante il ciclo di vendita. Inizia con l'identificazione delle tappe fondamentali che giustificano gli incontri di follow-up.

Potere

Il Potere è la persona, o le persone, nell'organizzazione del potenziale Acquirente che ha l'autorità di dire SI o NO a un acquisto.

Power toolkit

La "power toolkit" (cassetta degli attrezzi del potere) contiene strategie comprovate per identificare, convalidare, ottenere e preservare l'accesso al Potere. Comprende Triangolazione, Biglietto di ritorno, Negoziazione, Campagna di comunicazione, Accesso Pianificato e Condizionale, Modus Operandi, Top-to-top, Referenze e Presentazioni.

Pianificazione prima della call, della prossima call

Pianificazione prima della call / della prossima call è un processo per identificare i risultati delle sales call e preparare domande pertinenti che devono essere utilizzate dal Venditore.

Review pre-proposta

La Review pre-proposta è un processo in cui un Venditore raccomanda una Soluzione che evidenzia il VisionMatch™, riassume i risultati finali e quantifica il livello di investimento del potenziale acquirente prima di sviluppare una proposta formale o un piano di lavoro.

Esplora, Domande di sondaggio/esplorazione

Le domande di sondaggio ampliano una conversazione per includere informazioni che il potenziale Acquirente non avrebbe altrimenti condiviso, o per ottenere una comprensione più profonda delle informazioni rivelate dalle Domande Aperte.

Problema
I problemi sono le difficoltà che impediscono alle persone di risolvere la propria Business Issue.

Prospect, o Cliente Potenziale
Una società o un individuo che potrebbe avere bisogno dei prodotti o dei servizi di un Venditore.

Qualifica del Prospect
La qualifica del Prospect è un processo con cui il Venditore identifica se un'opportunità possa essere vincente in un determinato periodo di tempo.

Prospecting
Il prospecting è un processo con cui il Venditore identifica e coinvolge Acquirenti potenziali,

Qualified Prospect Formula® Prospect Qualificato = VisionMatch Differenziato x Valore x Potere x Piano®
Qualified Prospect Formula® definisce un Prospect Qualificato come qualcuno che crede che il VisionMatch™ Differenziato risolverà la propria Business Issue e i Problemi con prodotti e servizi; percepisce abbastanza Valore per agire; ha il Potere per prendere decisioni di acquisto, e condivide un Piano formalizzato.

Variabili qualificanti
Le variabili qualificanti sono i fattori della Qualified Prospect Formula®: VisionMatch differenziato™ (Dovrei acquistare?), Valore (Ne vale la pena?), Potere (Chi può acquistare?), e Piano (Quando acquisterò?).

Qualificazione
La Qualificazione è il processo di ricerca o di investigazione di un potenziale Acquirente per determinare se fare affari con il Venditore.

Referenza
La referenzamento è un processo in cui un Venditore usa un ValuePrompter®per creare storie rilevanti da usare in una vendita. L'obiettivo è di evidenziare il Valore ricavato da un Acquirente precedente e di stabilire credibilità.

Biglietto di ritorno
Le tattiche "Biglietto di ritorno", come l'Accesso Pianificato o Condizionale, garantiscono che il Venditore si assicuri il diritto di ritornare e di continuare a comunicare con il Potere.

Timeline Inversa
La Timeline Inversa inizia con il risultato finale - il Valore ricavato - ed è ricostruita a ritroso da quel punto.

Sabotatore
Un Sabotatore è qualcuno che agisce attivamente o passivamente contro un acquisto.

Scope Creep
Lo Scope Creep è un cambiamento dei risultati attesi del progetto o delle tempistiche che si verifica dopo un accordo. Nel ValueSelling Framework®, lo Scope Creep si verifica quando un Venditore e un Acquirente stipulano un accordo, e dopo il Venditore cambia l'accordo senza aspettarsi un cambiamento di prezzo o condizioni.

Soluzione
Una Soluzione è la visione o l'opinione di un Acquirente delle capability che consentiranno di risolvere i propri Problemi e la Business Issue.

Sponsor
Uno Sponsor è una persona in grado di raccomandare un acquisto.

L'uso corretto del Potere è la chiave.

Uno dei principi fondamentali del VauleSelling Framework®. Secondo questo principio, il "Potere" ha due significati: il primo, il Venditore dovrebbe usare saggiamente il "potere" sulle risorse, e il secondo, il Venditore dovrebbe essere in grado di identificare, convalidare e accedere ai decision maker che detengono il "Potere".

Il prodotto è nella mente dell'acquirente.

Uno dei principi fondamentali del VauleSelling Framework®. Il prodotto o i servizi di un Venditore sono tanto validi e rilevanti solo quanto sono percepiti da parte di un potenziale Acquirente.

Triangolazione

La Triangolazione è un metodo di ricerca in cui a più fonti viene chiesta la stessa serie di domande per verificarne la veridicità.

Utente

Un Utente è una persona che usa un prodotto o un servizio.

Valore

Il Valore è l'impatto, o il valore, percepitoin un acquisto. Il Valore è specifico per ogni cliente ed è sia tangibile che intangibile. Il Valore ha due aspetti: valore di business e personale.

Processo di Acquisto del Valore

Il Processo di Acquisto del Valore è un concetto del ValueSelling Framework® che effettua un'opera di ingegneria inversa sul processodi Acquisto e struttura il processo di Vendita su di esso.

ValuePrompter®

Un ValuePrompter® è uno strumento proprietario del ValueSelling Framework® che facilita la pianificazione delle sales call e favorisce il Processo investigativo O-P-C.

ValueSelling Framework®
Il ValueSelling Framework® è un insieme di principi, terminologie, strumenti e processi. Gli strumenti includono il ValuePrompter® e la Qualified Prospect Formula®. Il ValueSelling Framework® differenzia il Venditore incoraggiando l'Acquirente a vedere un collegamento diretto tra la Business Issue e il Valore delle Soluzioni offerte dal Venditore.

VisionMatch™
La VisionMatch™ è la conferma tra l'Acquirente e il Venditore che la Soluzione del Venditore è posizionata univocamente per risolvere i Problemi e impatta sulla Business Issue.

Vittoria-Sconfitta-Nessuna Decisione
Vittoria-Sconfitta-Nessuna Decisione sono i tre esiti di ogni processo di acquisto o di vendita dal punto di vista del Venditore. Il potenzialeAcquirente conclude il business con il Venditore (vittoria), o con un altro Venditore (sconfitta), o non fa nulla (nessuna decisione).

Non si può vendere a qualcuno che non può acquistare.
Uno dei principi fondamentali del VauleSelling Framework®. Secondo questo principio, se il Venditore attua un Piano con qualcuno che non può acquistare, potrebbe spendere risorse senza sviluppare un prospect qualificato.